学校未来

重新定义教育

朱永新 ____ 著

中信出版集团 | 北京

图书在版编目（CIP）数据

未来学校：重新定义教育 / 朱永新著 . -- 北京：
中信出版社，2019.6（2025.12重印）
ISBN 978-7-5217-0317-7

Ⅰ . ①未… Ⅱ . ①朱… Ⅲ . ①教育工作 - 研究Ⅳ .
① G4

中国版本图书馆 CIP 数据核字（2019）第 058540 号

未来学校：重新定义教育

著　　者：朱永新
出版发行：中信出版集团股份有限公司
（北京市朝阳区东三环北路 27 号嘉铭中心　邮编　100020）
承 印 者：北京通州皇家印刷厂

开　　本：880mm × 1230mm　1/32　　印　　张：8.25　　字　　数：135 千字
版　　次：2019 年 6 月第 1 版　　印　　次：2025 年12月第 33 次印刷
书　　号：ISBN 978-7-5217-0317-7
定　　价：48.00 元

服务热线：400-600-8099
投稿邮箱：author@citicpub.com

序　言

每天清晨，在路上，行色匆匆的，很多是学生。

步行也好，乘车也罢，学生总是那么急吼吼的，想赶在上课的铃声响起之前到达学校。

每一节课，每一个学生，不管愿意不愿意，不管对讲课的内容熟悉不熟悉，都要循规蹈矩地坐在教室里，一憋就是整整45分钟。下课之后，上个厕所，短短10分钟，接着又是一节课。周而复始。

每年九月，一批同年的新生跨入校门。

每年七月，一群同年的毕业生离开校园。铁打的校园，流水的学生。

书本，翻来覆去。学生，人来人往。

每逢寒暑，师生都有寒假、暑假。“刀枪入库”，各自安排。

这，就是我们熟悉得不能再熟悉的学校生活。

你有没有想过，这样的学校生活，是天经地义的吗？

你有没有想过，这样的学校生活，在未来的某个时候，不再继续，学生再也不需要按部就班、整齐划一地出现在同一个校园、同一间教室，学习的时间完全由学生自己决定，学习的内容完全由学生自己选择？

我相信，在不远的未来，这一切，很可能会变为现实。

我相信，今天的学校会被未来的学习中心取代。

这，就是我在本书中提出的对未来教育趋势的预判。

我相信，我们今天觉得天经地义的学校生活，因为互联网，因为信息技术的发展，会在润物无声的改变中，发生翻天覆地的变化。

在本书中，我想说的仅仅是互联网对未来学校形态的改变，以及进而引发的教学模式的改变。

我相信，未来的某个时候，人们会觉得我们今天看来好像天方夜谭的“学习中心”，是那么顺理成章。

未来，物理形态的学校，钢筋水泥、砖瓦花木，依然如故，保安可能还会有，围墙也可能依然在，但是，传统的学校不再是唯一的学习场所。说到学习，大家马上想到的不是“学校”，而是“学习中心”。

未来的学习中心，没有固定的教室，每个房间都需要预约。

未来的学习中心，没有以“校长室”“行政楼”为中心的领导机构，表面上看，可能有点像今天北上广的创业孵化器。

未来的学习中心，可以在社区，也可以在大学校园，类似于好未来、新东方这样的培训机构，也可以成为学习中心。

未来的学习中心，没有统一的教材，全天候开放，没有周末、寒暑假，没有上学、放学的时间，也没有学制。孩子可以 8 岁上学，也可以 5 岁或者 12 岁上学；15 岁的孙子可以跟 75 岁的爷爷在同一个课堂上同样的课；年轻的父母也可以与自己的孩子学习同样的内容。

未来的学习中心，教师是自主学习的指导者、陪伴者，一部分教师将变成自由职业者，“能者为师”将使今天的教师资格证变成历史。

未来学习中心，是本书贯彻始终的话题。在本书中，我打算集中围绕“学习中心”跟大家探讨八个问题。

学习中心，长什么模样?

学习中心，谁来学?

学习中心，谁来教?

学习中心，学什么?

学习中心，怎么学？

学习中心，怎么评价学得好不好？

学习中心，父母应该做什么？

学习中心，需要政府干什么？

这些问题，近年来一直盘旋在我的大脑中。因为，我发起了新教育实验，需要看清未来教育的方向。所以，在过去几年的演讲中，我或多或少地都提过这些问题。朋友们鼓励我，让我把对未来学习中心的想法，系统地整理出来，抛砖引玉，呼吁大家一起探讨未来教育的发展趋势，迎接未来，拥抱未来，为未来做好准备。

方向比努力更重要。我希望本书的读者，不仅限于教育工作者，父母们也可以读读本书，所有教育共同体之外的朋友，都能参与未来学校生活的讨论。因为，当传统的学校被未来的学习中心取代时，学生和老师之间的关系、教育工作者与非教育工作者之间的关系，都将被颠覆，换个场景，马上就变换了身份。

最后，我说说本书写作过程中发现的四个问题。

写作的过程，是一个不断思考、讨论和深化的过程。当我跟朋友们讨论“未来的学校将被学习中心取代”的时候，朋友们问了四个问题，我觉得这四个问题，很可能也是读者捧读本书时的疑问。在这里，我简单答复一二。

第一个问题：未来，到底有多远？

抱歉，我无法确切地回答，未来，究竟是 5 年、10 年还是 15 年。

我想，通往未来的教育趋势，不会像社会革命一样，一夜之间风云突变。相反，它润物无声，如同一天天长长的指甲，几年间变白的头发，你如果天天盯着看，什么也看不见，但是，它在变。

教育变革，虽然不像社会革命那样，有强烈的人为干预的色彩，但是如果我们主动迎接、主动介入通往未来的教育趋势，这个趋势就可能会向着我们期待的方向发展。这就是我写作本书的初衷之一。

所以，我们与其追问未来到底还有多远，不如关注可能影响未来的每一个小小的趋势性变化。

第二个问题：未来学习中心，是一个“应当如此”的理想，还是一个“肯定如此”的预判？

的确，本书对于未来学习中心的构想，是我的教育理想，是我对于教育“应当如此”的思考。但是更多的，是我对未来教育的预测与展望，是对于教育“肯定如此”的合理预期。

其实，类似未来学习中心的模式，从 20 世纪起就已经在世界各国悄然出现：无论是美国圣迭戈的高中，还是澳大利亚悉尼的学习创新中心；无论是瑞典的维特拉学校，还是芬兰的森林学园；无论是提倡自主学习的美国瑟谷学校，还是进行课程重构的密涅瓦大学；当然，就在我生活的北京，也有闻名遐迩的探月学院。未来学习中心，在局部地区已经从“应当如此”的应然理想，发展为“肯定如此”的必然现实。

行是知之始，知是行之成。我不是“未卜先知”的算命先生，我对未来教育趋势的预判未必准确，但我的预判是从现实和实践出发的。

第三个问题：我所说的“未来的学校将被学习中心取代”，这里的学校，说的是中小学吗？是否包括大学？

我想，朋友们之所以提出这样的问题，可能是因为过去十几年，我所倡导的新教育实验，面向的都是中小学。

其实，我在本书中所说的“未来的学校将被学习中心取代”，不仅涉及基础教育，也涉及学前教育、职业教育和高等教育；不仅涉及学校教育，也涉及家庭教育、社会教育、终身教育，是一个从摇篮到坟墓的过程。在一定程度上，大学更有可能率先蜕变。

所以，从教育内容到教育方法，从教师队伍到评价体系，我全部进行了预测和重构。

第四个问题：本书是不是一本学术专著？

所谓学术专著，就是理论上有重大意义，或者实验上有重大发现的学术著作。

学术专著的特点是，首先要符合通常所说的学术研究规范。如果按照这个标准看待本书，我诚实地回答大家，这不是一本严格意义上的学术专著。但是，本书肯定不是伤春悲秋抒发情感的散文随笔，本质上，它是我从事教育学术研究的成果。

本书最初是按照学术著作的套路写的，而且写了很久，写得很长。但是，我的好朋友、著名媒体人章敬平先生一再提醒，本书需要影响的最重要的群体是普罗大众，而不是专家学者。于是，我重新构思，删繁就简，压缩成现在的模样。同时，我也正在准备写一本关于未来学校的学术著作。

我不能保证我所说的都是对的，但我保证，我说话的态度是严谨的。

1 600 多年前，佛学大师鸠摩罗什在临终之前，跟大家发誓：如果我所说的，不是胡扯八道，火化之后，一定“舌不焦烂”。

我等凡夫俗子，虽不能至，心向往之。

目 录

第三章　学习中心，谁来学？

第四章　学习中心，谁来教？

第五章　学习中心，学什么？

第一章

今天的学校，
会变成明天的“学习中心”

知晓历史，方能洞察未来。

在我们进入本书的主题“未来的学校将被学习中心取代”之前，让我们简单回顾一下学校的历史，看看今天的“学校生活模式”究竟由何而来？它有什么好处，有哪些问题？我们的教育先贤对我们的学校发出过怎样的声讨，又提出过怎样的变革主张？

我想，当你走马观花地了解了学校的历史，你就容易理解，互联网为什么能让学校生活模式发生变化，未来的学校为什么会被学习中心取代。

今天的学校生活，不是天经地义的

今天的学校生活是天经地义的吗?

不是的!

人类的教育一开始就是今天这样的面貌吗?

不是的!

学校的形态就永远固定在今天这个样子吗?

答案无疑也是否定的。

人类本来是没有学校的

人类不是一开始就有学校的。学校是人类发展到一定阶段的产物。

人类的学校，从古至今，再到未来，大概可以分为四个重要的历史发展阶段。

一是前学校阶段（pre-school period）——原始部落耳提面命的教育就属于这个阶段。

二是学校阶段（school period）——公元前3500年古巴比伦两河流域苏美尔人的“泥版书屋”，公元前2500年古埃及的宫廷学校，我国父系氏族末期的“成均”和“庠”，都是学校阶段的代表。

三是现代学校阶段（modern school period）——随着工业革命应运而生的现代学校，按照夸美纽斯的班级授课制构建，有统一的教材、教学大纲、上课时间、教学内容、课程设置。

四是后学校阶段（post-school period）——这就是未来的新型学校，严格意义上说也可以不称为学校，而是本书将要详细讨论的学习中心。

现在，让我们一起看看学校的演变过程。

大家知道，原始社会教育的特点是“两个没有”——没有固定的教育场所，没有专门从事教育的专职人员。

原始社会的教育过程，完全是在生产劳动的过程中进行的，教育内容最初就是渔猎和农耕等劳动技术的传授，正如传说中的“燧人氏教民钻木取火”“伏羲氏教民结网捕鱼”“神农氏教民制耒耕作”一样，那时虽然有教育活动，但是没有学校这种形态。

到了原始社会的末期，随着生产力的发展，原本存在于社会生活中的教育逐渐分化出来，出现了学校的萌芽。

关于世界上最早的学校，学界有不同的说法，有的教育史教材中采用苏联教育史学家米丁斯基的说法，认为建于公元前2500年的古埃及的宫廷学校是人类有史可稽的最古老的学校。

但最新的研究认为，世界上最早的学校诞生在古巴比伦，法国考古学家在两河流域发现的苏美尔人的“泥版书屋”存在于公元前3500年左右，应该是目前发现的世界上最早的学校遗址。

中国作为四大文明古国之一，也是世界上最早出现学校的国家之一。有人根据传说认为，父系氏族末期的“成均”和“庠”是我国学校的萌芽。

“成均”是乐师日常演奏唱歌的地方，贵族子弟都要在这里学习音乐。

“庠”是储存公共粮食的地方，由于生产力的进步，氏族中的老者可以不必参加繁重的生产劳动，而是转为看管粮食或者饲养家畜，所以“庠”也是养老之所。

老年人有丰富的生产和生活经验，在养老的同时还可以承担传授经验的任务，所以“庠”也就成了教育场所。

但是，“成均”和“庠”还不能称为正式的学校，只能说它们是学校的雏形。“成均”和“庠”的出现表明，随着生产力的发展和社会分工的扩大，教育与生产劳动走向分离，成为一种专门的活动，教学需要在专门的场所进行，学校随之出现。

到了奴隶社会，出现了真正意义上的学校，我国的第一个奴隶社会夏代的学校叫“序”和“校”。

“序”是设在王都的学校；“校”是设在地方的学校，即乡学。

最初的“序”和“校”的教育内容与军事目的相关。

“序者，射也。”作为教射箭的地方，“序”是奴隶主贵族子弟习射的场所。

“校者，教也。”作为进行军事训练的场所，“校”是习武之地。

到了商代，学校的形式有所发展，出现了针对不同年龄阶段的学校，有了大学、小学的区别，教育内容也逐渐丰富，具备了“六艺”的雏形。

西方现代学校教育制度

西方现代学校教育制度是随着工业革命的兴起而出现的。

17 世纪中叶以后，随着农业社会向工业社会转变，以及资本主义生产力的发展和生产方式的变革，劳动者需要接受更多系统的、实用的学校教育，以满足大生产的需要。与之相适应的义务教育制度和现代学校制度也应运而生。

捷克教育家夸美纽斯提出的班级授课制和学科课程制为新型学校的建立奠定了坚实的理论基础。

他从普及教育出发，提出了建立统一学校系统的主张。他根据儿童成长的年龄特征，把教育分为四个时期，每期 6 年，各设相应的学校。

幼儿期（初生至 6 岁）是母育学校。

少年期（6~12 岁）是国语学校。

青年期（12~18 岁）是拉丁语学校（或文科中学）。

成年期（18~24 岁）是大学。

这种统一的学校系统，使儿童从出生开始接受教育，循序渐进，不设任何障碍，直到成年。

夸美纽斯第一次提供了整齐划一、任务明确、相互衔接的完整的学制系统，这是学制史上的一次创举，也成为后来西方学制的雏形。

19 世纪初，一套与工业社会相匹配的学校制度已经初步形成。

1862 年在北京创办的京师同文馆，是中国最早的外语学堂，也是中国第一所现代意义的新式学校。

中国第一个提出现代学校制度的，是晚清时期管学大臣张百熙。1902 年，他拟订了《钦定学堂章程》。所谓钦定，就是“由皇帝亲自裁定”，意思是光绪皇帝同意的。

可是，这个学校制度当时没有来得及实行。

第二年夏天，清政府命张百熙、荣庆、张之洞以日本学制为蓝本，重新拟订学堂章程。

又过了一年，清政府终于公布了新的《奏定学堂章程》。这一年，是农历癸卯年，故称“癸卯学制”。

不从事教育史研究的朋友，看到“癸卯”这样的词，可能会觉得理解起来费劲。如果觉得费劲，你可以忽略它，你只需要知道这个学制包括哪些内容就可以了。

那么，有哪些内容呢？

请注意看名称，我简单列举几个。

《初等小学堂章程》。

《高等小学堂章程》。

《中学堂章程》。

《高等学堂章程》。

《大学堂章程》。

《蒙养院章程及家庭教育法》。

《初级师范学堂章程》。

《优级师范学堂章程》。

《初等农工商实业学堂章程》。

《中等农工商实业学堂章程》。

《高等农工商实业学堂章程》。

光看名称，你大概就能明白，我们今天的小学、初中、高中、大学制度，最初是怎么来的。上了年纪的读者，如果读过中专、大专，农校、师范之类的，大概都能明白，这些学制的源头在哪里。

我之所以不厌其烦地说“癸卯学制”，是因为如果要了解我们今天的学校的历史，这个学制实在太重要了。它涵盖了从幼儿教育到高等教育，从普通教育到职业教育的完整系统。

我们说，现代中国的教育体系和学校制度，就是按照这个学制、这个章程建立起来的。

虽然中国没有在西方社会进入工业革命时代的时候同步开始工业革命，但是西方工业革命带来的现代学校教育制度被我们借鉴了。

应当承认，现代学校教育制度，为普及教育做出了惊人的贡献。

现代学校教育制度，把教育从少数人的特权变成全体人的权利与义务，这是人类历史上重要的革命性事件。

现代学校教育制度的建立，在中国教育史上，也是一个重要的历史性事件。

要知道，100 多年前，中国还没有真正意义上的学校，接受教育还是少数人才有的机会。因为那个时候的教育体系还是以私塾为主体，一直到 1904 年“癸卯学制”的颁布推行，才开始了废科举、兴学堂的改革。1910 年，国家教育机构颁布《改良私塾章程》，私塾才逐步开始向近代小学过渡。一直到 1949 年新中国成立的时候，我国 80% 的人口还是文盲。所以，我们现在的学校其实历史并不长。

我们今天的“学校生活”，来源于这个学制，跟这个制度密不可分，某种程度上，就是这个制度之下的果实。

100 多年后，这个果实已经不再像当初那么甜美了。我们的教育先贤，在历史实践中，不断反思和批判这个制度的优劣，也在不断构想新的体系，生产新的果实。

今天，我在本书中所说的，也是对这个制度进行反思、重构的一部分。

接下来，我们继续探讨，西方社会对现代教育制度的反思，以及对学校生活模式的批判。

对现代教育制度的非议

“非学校运动”（去学校化运动）使现代教育制度受到非议和挑战

大概五六十年前，也就是20世纪60年代，世界教育发生了一个革命性的转折。

这个转折，是从美国开始的。

那时候，苏联人造卫星上天，美国人感到国家处于危险之中。

美国人开始反思：我们的科技为什么落后于苏联？落后的根源在哪里？

答案是，在于教育的落后。

美国社会对于教育不满的情绪空前高涨。

与此同时，西方一部分国家的学生运动风潮，进一步打破了人们对学校的美好期待。

人们逐渐认识到，学校并没有像预期的那样带来经济的繁荣和社会的进步，相反，学校是许多社会问题产生的根源。

许多人认为，学校不再是一个有价值的机构。

“非学校运动”就这样兴起了。

“非学校运动”的代表人物伊万·伊利奇说：“多少代以来，我们企图通过提供越来越多的教育，使这个世界更加美好。可是迄今为止，各种努力都失败了。”

伊利奇是一个传奇人物，他出生在奥地利的维也纳，父亲是南斯拉夫的天主教神父，母亲是德籍西班牙裔犹太人。他是一个语言天才，精通英语、德语、西班牙语、意大利语和法语，还能够使用克罗地亚语、古希腊语、拉丁语、葡萄牙语、北印度语等。

他也是一位有着多学科背景的学者，先后研习过人体组织学、矿物晶体学、哲学、历史学和神学等，同时谙熟社会学、经济学、人类学、政治学、法学和文学等。学识渊博的他，30 岁就当上了波多黎各庞塞天主教大学的副校长，后来又先后在墨西哥、美国和德国等地的大学任教。

1970 年，伊利奇把自己在 20 世纪 60 年代后期发表的论文结集出版为《去学校化社会》（*Deschooling Society*）。在这本书中，他明确提出，现代学校不仅阻碍了真正的教育，而且造就了无能力、无个性的人，还造成了社会的两极分化和新的不平等。因此,应将学校连同课程学习及其观念一起废除。

这本书的中文译本由我的好朋友南京师范大学吴康宁教授翻译，最初由台湾地区的一家出版社出版，后来大陆出版了中英文对照版。最近他重新翻译的新版本也已出版。

在这本书中，伊利奇呼吁废除学校对于教育的垄断，应该使受教育者享有选择教育的权利，成为积极的消费者，应该“为每个人创造一种将生活的时间转变成学习、分享和养育的机会”。

他主张，要实现这一理想，就要建立一个教育网络。在这个网络中，任何人都能够通过社会生活和日常生活学习知识与技能，并且直接应用于社会。各种教育资源置于学习者的主动控制之下，使学习成为自我创造式的教育。教育网络确定了新的学习方式，为学生提供了新的与世界联系的方式，而非仅仅通过教师、课程和计划的准备而进入世界。

在伊利奇所处的时代，互联网还没有出现，但是他天才式的预言，以及对于变革教育的梦想，今天听来，是不是觉得难能可贵?

在他的著作中，我们已经看到了当代互联网教育的雏形。

与“非学校运动”遥相呼应的是伯尔赫斯·斯金纳的程序教学理论。

斯金纳是美国著名心理学家。据说他从小就喜爱发明创造，制作小玩意儿，曾经试制过简易滑翔机，也曾把一台废锅炉改造成一门蒸汽炮，把土豆和萝卜当炮弹射到了邻居家的屋顶上。也许正是童年的习惯让他后来发明了一种非常巧妙的心理学装置“斯金纳箱”，并且提出了著名的新行为主义学说。

1971 年，斯金纳出版了《超越自由与尊严》一书，把他根据“斯金纳箱”对老鼠和鸽子的行为研究应用到人的教育领域。

斯金纳认为，人类的所有行为本质上都是对环境刺激做出的反应。行为能否得以维持，取决于其后果是积极的还是消极的。如果行为之后伴随的后果是积极的，那么这一行为就会得到强化。如果行为之后伴随的后果是消极的，得到的是惩罚，那么该行为也会减弱。行为得不到强化，就会减弱，他称这种情况为“消退”。

根据这一理论，斯金纳发明了一种教学机器，这个机器的构造包括输入、输出、贮存和控制四个部分。

他把教学材料分解成由按循序渐进原则有机地相互联系的几百个甚至几千个问题框面组成的程序。

每一个步子就是一个框面，学生正确回答了一个框面的问题，才能开始下一个框面的学习。

如果答错了，用正确答案纠正后再过渡到下一个框面。框面的左侧标出前一框面的答案，作为对该框面问题的提示。一个程序学完了，再学习下一个程序。

他还提出了程序教学的四条原则。

第一，积极反应原则。即必须使学生始终处于一种积极学习的状态。

第二，小步子原则。即把教学内容分解成一个个小步骤，前一步的学习为后一步的学习做铺垫，后一步学习在前一步学习后进行。由于两个步子之间的难度相差很小，所以学习者很容易取得成功，并建立起自信。

第三，即时反馈原则。即让学生立即知道自己的答案是正确的，这是树立信心、保持行为的有效措施。

第四，自定步调原则。即允许学习者按自己的情况来确定掌握材料的速度。

请注意，这个教育学家的理论，是什么时候提出的？

是 20 世纪 60 年代末至 70 年代初。

那个时候，互联网还没有出现，慕课与翻转课堂理论也没有出现。

这种情况下，斯金纳的程序教学思想无疑也是天才式的。

他的理想不仅与现在的慕课非常接近，而且对世界的教学理论与实践产生了很大的影响。

虽然伊利奇和斯金纳最后并没有颠覆现代学校，但是从20世纪60年代末开始的“非学校运动”就一直没有停止，各种改造学校的努力也在全世界风起云涌。他们是现代学校最早的掘墓人。

效率为先的工业化人才培养模式问题很大

不管大家怎么看待“非学校运动”，我们都必须清醒地认识到现代学校制度的历史贡献，认识到它的合理性。我们讨论问题的时候，不能像小孩子斗嘴，只说一面，不说另一面。

现代学校制度，是工业革命的产物，也是人类伟大的创造。

它把传统的只为少数人享有的教育变成了大部分人能够享有的普及性教育，提升了全社会的文化素养。

它用机器生产的方式大规模地培养年轻一代，极大地提高了教育的效率。

它把人类几千年创造的知识用高度浓缩、集约化的方式，按照学科专业分门别类地传授给未成年人。

所以，从一定意义上讲，学校是人类创造的最伟大的发明，也是传承人类文明最重要的机构。

但是，现代学校制度也有工业革命带来的“胎里毛病”。

现在，我们就来说它的毛病在哪里。

最根本的毛病就是，它强调效率优先，用工厂化的生产方式“生产”人才，用整齐划一的教育模式安排教育生活，除了统一的入学时间和统一的上课时间，还用统一的教学大纲、统一的教材、统一的教学进度和统一的考试评价来培养虽然年龄相同但个性迥异、能力水平不一的人。

这让我想起古希腊神话中的普洛克路斯忒斯（Procrustes）之床。

据说恶魔普洛克路斯忒斯有一张铁床，他热情邀请人们到家中过夜，但是只有身体的高度和床一样长的人才被允许睡觉，否则比床长的人要被砍掉腿脚，比床短的人则要被强行拉到和床一样长。

这张床，就类似于现代学校制度的标准。

我们用这个标准要求所有学生，所以学生学习得很累、很苦，每个人的个性得不到张扬，潜能得不到发挥。

这正是现代学校制度的内在缺陷。

这个缺陷，也正是十几年前我发起新教育实验的背景：我们能不能创造一种更好的教育，让师生过一种幸福完整的教育生活？

当然，这个缺陷不是中国独有的缺陷，这也是美国的缺陷、欧洲的缺陷，整个世界教育的“胎里毛病”。

迄今为止，我还没有看到哪个国家从根本上解决了这个缺陷。

互联网时代的教育变革

任何理想的实现都需要条件。

为什么文艺复兴时代了不起？因为，这是一个需要巨人，也产生了巨人的时代。

学校的变革也是如此。

尽管从现代学校制度产生之日，就有各种各样的批评意见，也有各种各样的变革实践，但学校依然如故。一个重要的原因就是，缺乏必要的条件。

今天，互联网的发展，为现代教育制度的变革，为我们所预判的“未来学校会被学习中心取代”，提供了重要条件。

变革是一种必然

50 年前的“非学校运动”一度引起全社会的广泛关注与共鸣。但是，当时的社会发展和科学技术还无法绘就那样宏伟的变革蓝图。

21 世纪，随着互联网的出现和现代教育技术的不断发展，学校变革的激情再一次被激发。

这一次，在技术的层面上已经足以解决传统教育的许多内在缺陷。

其中最重要的标志就是慕课的出现。

“MOOC”（慕课）是大规模在线开放课程的英文简称，其中“M”代表 Massive（大规模），一门课的听课者可以有上万人甚至几十万人；第二个字母“O”代表 Open（开放），不分国籍和区域，只需邮箱注册参与，课程对所有人开放；第三个字母“O”代表 Online（在线），即网上学习；第四个字母“C”代表 Courses，即课程。

与名校视频公开课只提供课程资源不同，慕课实现了教学课程的全程参与。在这个平台，学习者可以完成从上课、分享观点、做作业，到参加考试、得到分数、拿到证书的全过程。

我第一次听说慕课，是 2011 年秋季。那时我听到了一条让我非常吃惊的消息：190 多个国家的 16 万人同时注册了斯坦福大学的“人工智能导论”课程。当时我就在想，这可能会导致一场真正的教育变革。

不久，斯坦福大学两位教授创立 Coursera 免费在线课程网站，2012 年 4 月上线，4 个月后学生人数便突破了 100 万，后来普林斯顿大学、斯坦福大学、加利福尼亚理工大学、密歇根大学和宾夕法尼亚大学等全球 80 多所高校和机构加盟，共享 386 门课程，一年以后的注册学生人数就超过 400 万，数据显示其中中国的学生达到了 65 万人。

同时，其中的多门课程进入了美国教育理事会学分推荐计划，学生选修的学分可获大学承认，慕课进入了正规高等教育体系的通道。

而一些公司也开始考虑招聘时是否承认慕课的课程证书，这就意味着未来的学生可以凭借在线教育平台拿到的课程证书直接就业，而不一定非要拥有名牌大学的学位和学历证书。

《纽约时报》曾经把 2012 年称为“慕课年”。同年，《时代周刊》刊载了一篇深度报道“大学已死，大学永存”，作者认为慕课的出现，已经宣告了传统大学即将消失，未来的新型大学即将应运而生。也就是说，未来基于互联网技术的新型的混合制大学有可能出现。

2013 年，从黄冈中学网校校长任上离职的汪建宏来北京与我讨论未来教育发展的方向。我提出如果能够做一个面向中小学的慕课，可能会很有发展。不久，他创办了爱学堂，依托清华大学办起了学堂在线。

没想到慕课方兴未艾之时，就受到了新的挑战。

慕课的各种改进修订版也纷纷推出。例如所谓的私播课（SPOC），SPOC 这个英文缩写是“Small Private Online Courses”的首字母缩写。

私播课对入读人数和入读条件都有限制，以私人化、小规模在线课程为特征，但它仍然是开放和免费的。

本质上说，私播课与慕课属于同一类，在教学设计、教学理念上并没有多大突破，只不过更加小众。

还有所谓的“超级慕课”（Meta-MOOC）。2014 年 1 月，美国杜克大学的凯茜·戴维森教授在 Coursera 上开设了“高等教育史与未来”课程。该课程注册学生约两万人，它的授课时间与戴维森教授在杜克大学面对面教学的课堂同步进行，并且在加州大学圣塔芭芭拉分校和斯坦福大学也有同步进行的分课堂。

三个学校的老师同时教授这门课，共享阅读材料，让学生互评作品，不同学校的学生和教师组成了一个学习共同体。

正如凯茜·戴维森教授所说，这不仅是一门慕课，而且是一个运动，所以把它称为“超级慕课”。

还有所谓的DLMOOC（Deep Learning MOOC，深度学习慕课）、MobiMOOC（Mobile MOOC，移动慕课，指通过移动设备学习慕课，致力于慕课与移动学习的有效整合）、MOOL（Massive Open Online Labs，大众开放在线实验室）等。

MOOL较之实体实验室有两大优点：一是没有时间限制，一年365天，一天24小时都是开放的，学习者可以随时做实验；二是实验过程可重复，可回放，方便找出实验失败的原因。

DOCC（Distributed Open Collaborative Course），分布式开放协作课，不局限于单一专家授课，专家背景多样化，分布在各大高校，强调在数字时代的协作学习，避免学生被动学习；PMOOC（Personalized MOOC），个性化慕课，学生自定学习步调，自我选择开始与结束的时间，系统可以自动跟踪学生的学习进程，并给予每个学生恰当的学习建议；MOOR（Massive Open Online Research），大众开放在线研究课，为学生从学习到研究的过渡提供了渠道，使教学重心由知识的复制传播转向问题的提出和解决；等等。

在中小学，在线学习也成为一股不可抗拒的潮流。美国科罗拉多大学博尔得分校教育学院发布的《理解和改进全日制网上学校》报告表示，美国已有25万名中小学生在全日制网上学校上学。

美国各州网上学校总共提供53.6万门课程（每门课程都为一学期），有180万名中小学生至少选一门网上课程。网上课程的增多也在一定程度上满足了不同群体和不同地区学生的教育需求，特别是满足了学生在家上学的需求。

据统计，全美共有240万名学生在家上学。在一定意义上可以说，这些学习方式不仅是对现代学校教育的补充，更是对现代学校教育的变革。

近年来，我国的慕课建设与应用也呈现出爆发式增长，多所高水平大学陆续在国际著名课程平台开课，有关高校和机构自主建成10余个国内慕课平台，460余所高校建设的3 200余门慕课上线课程平台，5 500万人次的高校学生和社会学习者选学国内外的慕课课程，我国慕课课程数量已位居世界第一。

在家上学，在中国也不是什么新鲜事。前两年我国台湾地区已经通过了相关立法，允许学生在家学习。

我国大陆地区虽然目前原则上不允许以家庭自学代替学校教育，但各种打擦边球的方式还是很多。我自己直接见证的就有两位，一位是童话大王郑渊洁。多年前见面时他就告诉我，他的儿子郑亚旗读完小学六年级后就不去学校了，他在家里给儿子上课，每周一在家里举行升旗仪式，所有教材都是他自己编写的，他的儿子三年时间就完成了“学业”。郑亚旗22岁开始创办《皮皮鲁》杂志，24岁开办皮皮鲁讲堂并自任校长，25岁创办郑亚旗摄影工作室，并先后出版摄影集《非洲》等，27岁创建北京皮皮鲁总动员文化科技有限公司并任CEO（首席执行官）。记得2012年有一次与他们父子见面，亚旗还送我一本他新出版的摄影作品。

另一个朋友是新教育基金会的一位发起人，有一次我去上海开会，他突然问我，他的孩子能不能继续在家上学。这位朋友非常认同新教育实验的理念，是最早支持新教育的志愿者。因为上海当时没有新教育实验学校，也没有他满意的学校，所以他们夫妇俩决定按照新教育的理念在家中自己教孩子。文化课程没有问题，可以借助新教育的阅读书目和晨诵等课程。孩子的社会性养成，则通过各种俱乐部的活动，如足球、高尔夫球等来培养。

所以，整个小学期间，孩子很开心，很阳光。他们夫妇征求我的意见是否继续在家上学，我说还是要听取孩子的意见，以及考虑今后是否参加高考等因素。最后，他们还是选择了继续在家上学。据说，目前像郑亚旗和我朋友的孩子这样的情况，全国超过了20万例。

从以上的介绍我们可以发现，以慕课为代表的互联网教育的兴起，已经为解决传统学校模式的各种缺陷提供了可能性，因为它既可以完成现代学校教育制度要求的大规模教育的效率问题，也可以满足不同学习者对于教育选择的基本要求。

自由选择课程，自由组织学习团队，自由选择任课教师，随时了解学习进度与知识掌握情况，自由安排学习时间，一种新的学习空间、新的学习组织形式，已经呼之欲出。

杜威的梦想不再遥不可及

1915年，教育家约翰·杜威出版了《明日之学校》一书。其实，这本书的书名完全可以翻译为《未来学校》。未来不是空想的明天，而是建立在今天基础上的明天。所有对于未来的预言和构想，都是基于今天的实践和探索的判断。

著名教育家悉尼·胡克在为《明日之学校》写导言时曾经说：“这本著作也可叫作《今日之学校》，是关于正在实验中的一些学校的描述，特别是关于这些学校用实例说明的观念，以及杜威对于初等、中等教育改革的建议。”

也就是说，杜威是从当年基于变革的实践中，窥见了未来教育的模样，并且为了他心中理想的未来，对当下的教育提出了积极的建议。

100 多年过去了，杜威在书中批评的许多教育问题仍然存在，杜威在书中畅想的许多教育梦想仍未实现。但是，社会发展尤其是科学技术的发展已经远远超出了杜威那个时代的预料。站在社会大变革的风口，我们再来反思、展望，杜威的教育梦想已经不再是遥不可及了。

在本书介绍的大量案例中，我们已经真真切切地发现了许多未来学习中心的要素，这些学校与我们理想中的未来学习中心非常接近。而且，以今天的科学技术和社会发展水平，我们也完全能够构建一个全新的教育体系与教育结构——未来学习中心。

风靡全球的教育纪录片《为孩子重塑教育》的制片人泰德·丁特史密斯，在其新著《未来的学校》中已经给传统学校判了“死刑”。他提出，传统学校以有着百年历史的工厂模式为基础，善于培养适合工业社会的劳动力，而工业社会所塑造的世界早已不复存在。所以，“传统学校是僵化的教育体系打造出来的纸老虎，是创新时代的博物馆文物”。也就是说，无论是从现实性，还是从可能性来看，传统学校已经进入了“无可奈何花落去”的衰亡期，而未来学习中心已经呼之欲出，并不遥远了。

第二章

学习中心，长什么模样？

前两年，一个教育圈之外的朋友，来我家做客。

我们聊到未来教育趋势，我提到了“学习中心”。

他问我：“学习中心是什么？”

我说，学习中心是……他看着我，似懂非懂，不明所以。

我们接着聊，我说：“未来的学习中心，会取代今天的学校。”

这个朋友更加迷茫、不解，还是问我“学习中心”是什么。

我就跟他解释，吧啦吧啦，说了半天，他突然问我，学

▶▶▶

习中心长什么样子?

这回，轮到我迷茫了，他怎么会这么问?

他说，朱老师，你说“学校”，我有概念，你说山沟沟里的希望小学，我的脑海中，马上就有一排低矮的校舍，高高飘起的五星红旗。你说“学习中心”，我的脑海中，浮现不出任何具体的形象。

这次聊天，提醒了我，我们大多数人在日常生活中，是靠形象进行思维。行业之外的人，更是如此。

在我长篇累牍地讲述“学习中心”之前，我应该提纲挈领地、形象地告诉大家，学习中心“长”什么模样，跟今天的学校究竟有哪些不同。

学习中心，跟我们今天的学校一样吗？

学习中心跟我们今天的学校不一样。

今天，每个学校，在一定意义上讲都是孤岛。每所学校都是相对独立地自己办学，完全实现自己的封闭性内循环，本质上它不需要和外部世界进行更大的联通。

但是，未来的学习中心不是这样，它可以是网络型的，也可以是实体型的。这些实体型的学习中心，有的是从现在的学校转型而来的，有的是从现在的各种培训机构、社会教育机构转型而来的。

未来的学习中心不再是孤岛，而是彼此连接的环岛。未来的学生，不是像现在一样只在一所学校学习，而是在不同的学习中心学习。

未来的学习中心，是一个开放的体系。未来的一个小学生或者一个中学生，甚至一个大学生，他可以在这个学习中心学习数学，在那个学习中心学习艺术，然后在另外一个学习中心学习科技，而且学习中心可以是跨区域甚至是跨国界的。

我曾经假想，新教育实验在全国有 4 000 多所学校，我们选 100 所学校，作为新教育共同体的学习中心，这 100 所学校中的每所学校都有自己非常强的特色教育资源和非常有代表性的课程，我们新教育共同体的学生，在这些不同的学习中心之间游学选修。

这样，我们首先从学习空间上，就打破了传统的学校概念。

大学也是如此。你可以把全世界每一所大学都当作学习中心。

未来，清华大学的学生，可能是在清华注册入学，但是可以在全世界的大学、不同的学习中心选择课程，可以选北大的文学课程，哈佛的幸福课程，麻省理工的电子学课程，等等。

只要是学生需要的课程，就允许他去不同学习中心学习。各个学习中心的课程，经过认证机构的认证或者学习中心的许可，可以互相承认、互换学分，学习中心将不受时间、空间、机构的限制，时时处处提供各自的教育资源，学生随时都可以在这里进行全天候的学习。

这个观点，我说过很多次。

但每次说到这个观点，教育圈之外的朋友，就惊诧莫名地问我，这么干行吗？

我认为，理论上应该行。

我举个例子，如果某个大学生特别喜欢劳动，希望重温中国传统的耕读生活，只要他有全球学习的能力，就可以考虑去美国的深泉学院读完大一、大二。

这是美国很有特色的一所大学。这所大学办在一个小山沟里面，在美国的加利福尼亚州和内华达州交界处死亡谷的沙漠地带，1917 年创办，距今已经有 100 多年的历史。学校的校训是三个词：劳动，学术，自治。

学校每年只招 13 名学生，学制两年。学校免收学费，但是学生必须参加学校的劳动，在农场和相关场所干活，因为劳动是校训的第一条。学校位于沙漠地带的深处，相对来说与世隔绝，大部分的物品需要自己制作。

学校为所有的学生提供奖学金，全额资助，但是每个学生每天要劳动三四个小时，也就是说，每个星期差不多要有近 20 个小时是劳动时间。学校基本是上午上课、下午干活。学校里面养了 200 多头牛以及马、羊、猪等动物，并且种了一小块蔬菜地。学生要和学校的工人一起去放牧、耕种。

除了日常的课堂学习以外，每个学生都要承担一项职务，也就是在这所学校的所有劳作里面有一件事情是你负责的，包括凌晨 4 点多去牛棚挤牛奶，给牲口喂食、添加饲料，驾驶拖拉机去播种，劈木柴，挖掘水渠，放牧牛羊等，包括食堂做饭都是由学生负责的。

深泉学院的学生，两年毕业以后，大部分都要转到哈佛、耶鲁这些常春藤学校去读大三。

关于这所学校，我就说这么多。

总的来说，未来学习中心，不仅局限于中小学教育，高等教育可以成为，也应该成为真正的学习中心。

学习中心没有固定教室，每个房间都要预约

现在，老同学见面，喜欢说，你是哪个班的，二班的，还是三班的，谁谁谁是隔壁班的。

未来，学习中心的学生，不会有这个概念。

未来，学习中心将重新界定学生的学习共同体，班级、年级、教室等概念将会进一步重构。

从约定俗成的定义来看，班级是学校中的班次与年级的总称。班级是学校的基本单位，也是学校行政管理的最基层组织。一个班级通常是由一位或几位学科教师与一群学生共同组成，传统学校教育功能的发挥主要是在班级活动中实现的。

教室呢，则是学校里教师对学生正式授课的地方，是学校对学生进行教学的空间。

所以，一个是从组织的角度来界定班级，另一个是从空间的角度来定义教室，而从教师与学生生命活动的形态，以及师生共同活动的场域而言，两者其实是相同的。

现在的班级也好，教室也罢，都是基于传统学校相对固定的学生、相对固定的学习时间与学习内容来安排的。

当每个学生有只属于自己的课程表，只属于自己的学习内容与时间安排时，传统的固定班级、固定教室的格局自然就被打破了。

你不要以为我在信口开河，北京已经有学校做过这样的实验了。

北京十一学校的“走班制”，其实就类似于未来学习中心与传统学校之间的一个过渡。

所谓走班制，是指学科教室和科任老师相对固定，学生根据自己的兴趣愿望和能力水平，选择符合自己需要的学科课程和层次班级走班上课。

我去这所学校看过多次，与李希贵校长也多次讨论过他们的办学理念与课程体系，我相信，未来学习中心的学生，是需要事先预约上课的教室的。

学习中心没有以“校长室”为中心的领导机构，更像北上广的创业孵化器

关心学习中心长什么样子，必然绕不过一个问题：未来学习中心，还有“校长室”这样的领导机构吗？

这种思维方式，是从我们过去的经验出发的。

传统的学校往往管理层级很多，管理人员很多，工作效率不高。前几年就有网友反映，海南省某中心小学校本部设置了校长、教导处、德育处、总务处领导岗位16人，其中校长就有5人。

未来的学习中心将没有以“校长室”为核心的集权式领导机构。

由于教师与学生双向选择，教师成为学生成长的助手和陪伴者，教师和学生都有着强烈的自我发展与成长需求，彼此之间是以互相选择进行“投票”的，每一方的选择都遵从了自我意志，教与学都不再需要烦琐的检查和考核评价。同时，学生的自组织能力也是教师所要提供的重要学习与指导内容之一。

所以，未来的学习中心，在教学的核心业务上是扁平化管理，甚至会基本成为自组织管理，会出现“多中心”的方式。

这是以每一个优秀的教师或者以每一个卓越课程为中心，组成的一个个学习共同体。它的运行模式是：教师引导、学生自组织管理。

当然，未来学习中心也将保留一个统一的管理部门。但是，学习中心里的管理部门，更像一个服务机构而非领导机构，更像一个咨询机构而非控制机构。在未来学习中心的管理部门里，将建立起一个以学生和教师为中心的服务体制。一方面，学习中心的工作人员根据学生的需求，对学生的学习时间与学习组队提出合理的建议，指导学生根据自己的潜能与兴趣选择不同学习中心的课程，记录学生学习的过程与结果；另一方面考虑教师的需求，帮助教师准备各种教学资源与工具，为教师的专业发展提供支持，同时协调不同学习中心的教师资源。

因此，未来学习中心更像北上广的创业孵化器，为师生提供全方位的、及时周到的服务与支持。

学习中心可以在社区，也可以在大学校园

未来学习中心是没有围墙的校园，甚至是虚拟的网络空间。

学习中心可以是类似于传统中小学的学习机构，也可以在社区、科技馆、博物馆、图书馆或者大学。只要能够提供丰富的学习资源和良好的学习环境，都可以成为未来的学习中心。

我曾经考察过的斯坦福网络高中（Stanford Online High School，也称斯坦福在线高中），就属于这样的学习中心。

这所学校成立于2006年，位于硅谷地区，总部就在斯坦福大学校园的一栋建筑内。斯坦福网络高中在校生人数650名左右，学生来自美国45个州和全世界的27个国家，比较集中的地区是美国的加利福尼亚州（170人）、得克萨斯州（30人）和纽约州（45人）。

我仔细了解过斯坦福网络高中开设的课程。它们有许多课程供学生选择。

人文类的课程有：革命与反抗，拉丁语，文学批评，摄影，音乐理论［美国大学预修课程（Advanced Placement），简称AP课程］，中文，科学史，民主、自由与法律的原则，法律研究：宪法等。

科学类的课程有：生物学研究前沿问题、心灵的研究：心理学、神经科学与哲学、力学、光与热、物理学C（AP课程）等。

数学类的课程有：代数、微积分、计算机科学（AP课程）、数据结构与算法、复杂分析等。

每门课程选修的班级人数控制在 15 人以内。

我在 2016 年访问该校的时候，学校教务主任骄傲地说，他们开设的还有一些后 AP 课程和大学层面的课程，供学生选择。

这所学校的师资力量很强，68% 以上的老师都有博士学位，能给学生带来非常好的教学体验，能够满足不同层次的学生对于知识的需求。学校的学业成绩也非常优异，名列加利福尼亚州第一、全美第三。

既然叫网络高中，学校的课程主要就是在线的形式。学生不用去教室上课，而是通过网络教学的模式，这样能给学生提供最好的学习便利性。学校网站提供了与课程配套的教学视频和与老师面对面的教学模式。每周的课程集中在两天完成。

上课时，来自全美和世界各地的学生一起通过视频实时在线讨论交流。所有课程都有课外作业，如要求收听老师的视频讲授和在线写作等。

老师通过网络的形式给学生布置作业，学生在规定的时间通过网络的形式将作业完成后再交给老师。

学生的学习比较灵活，斯坦福网络高中有全日制（full-time）的学生，也有选修部分课程（part-time）的学生和选修一门课程（single-course）的学生。全日制学生选修的课程，一般是每学期 4~5 门。学校设有奖学金，大约 15% 的学生得到资助。

网络学校的学生如何培养社会交往能力？斯坦福网络高中的教务长告诉我，他们也有许多措施，让学生拥有充满活力的学习生活。

首先是建立了 40 多个专题性的俱乐部和组织，如应用物理学俱乐部、艺术俱乐部、企业家俱乐部、拉丁语俱乐部、乐高俱乐部、文学俱乐部、模拟联合国、摄影俱乐部、心理学俱乐部、机器人俱乐部、西班牙语俱乐部、少数民族联盟等。

另外，学校的报纸、年鉴等，也由学生参与编辑，为他们创造交流的机会。

学校也创造了一些学生面对面交流的机会。如每年暑假有两周的时间，学生从全美与世界各地来到斯坦福大学校园，从事学术研究与专题讨论。

另外，有 25 个以上的地区聚会，在每年年初由学生和家庭组织，学校方面也会关心支持。

最隆重的自然是毕业周，有整整三天的时间举办毕业舞会、颁奖活动以及毕业典礼仪式。

斯坦福网络高中特别注重培养学生的自学能力和解决问题的能力。据该校教学主任介绍，他们的在线实时课堂教学非常注重培养学生和他的同伴一起讨论分析解决问题的能力，“我们最后一年结束的时候，学生几乎能够自己来组织课堂的学习，在这些课堂的学习当中，他们能够综合地了解到问题或者提出观点，并且能够阐述相关的例子，通过自己已经获得的经验，学生也能够独立地阐述自己的立场和论点，还能够发现其他学生论点中存在的问题，并且给予一些反馈。最后学生还能够自我评估，给自己提高能力的空间”。

当然，在未来相当长的时间内，更多的学习中心，将是把传统学校与斯坦福网络高中的优势和特点进一步整合的混合制学校。

美国亚利桑那州的卡普蒂姆初级及高级中学就是这样的类型。据美国国际教育协会北京代表处的陈智勇先生介绍，该校的学生到校后，不是到教室，而是来到一个工作站台的电脑上学习他们的课程，这些课程都是根据亚利桑那州的标准设置的网上课程。辅导老师也在那里，帮助他们解决各种问题，从电脑的技术问题到学科的问题，甚至情绪问题，他们都会协助学生解决。

学生的学习进度可以根据他们回答问题的情况及时调整。

如果他们回答问题达到一定标准，电脑就会自动让他们进入下一环节学习。如果他们需要额外的学习才能进入下一环节，电脑会给出额外的学习章节和练习。该校的学生只在周一至周四上午 7：45 到下午 4：00 在校。如果学生生病或外出不能上学，可以自己在家上网学习，学校、老师和父母可以查到并及时跟踪学生的学习情况。学习上有困难的学生，则必须上“周五学校”，参加老师指导的补习。

据介绍，运用这样的学习方式，这个少数民族裔学生占多数的学校，在亚利桑那州考试中已经连续两年成绩提高且领先，被评为考绩优秀学校，毕业率和上大学学生的比例也持续增长。

好未来、新东方这样的培训机构，也可以是学习中心

未来的各种培训机构，也可以转型为新的学习中心或者课程公司，类似今天的好未来、新东方等教育机构，将会成为新型的学习中心，成为政府购买公共服务的学习中心。

现在的学生白天在学校学习，晚上进各种补习班学习；平时在学校学习，节假日进补习机构学习；白天在学校学习英语，晚上到新东方学习英语；平时在学校学习数学、科学，周

末到学而思补习数学、科学。

根据不完全统计，北京现在90%以上的学生都要进行课外培训，放学以后以及节假日都要去补习机构补习，应试教育造成了普遍的学习焦虑。

但是，未来可能就不一样了，正规的学校与社会教育机构打通了，甚至没有必要再把教育机构分成培训机构、学校、网络机构，所有的机构都可以变成学习中心。

凡是政府认定合格的学习中心，政府都可以为学生的学习买单。学生没有必要疲于奔命，一放学就要到补习机构去，可以根据学数学在哪里学最合适，学艺术在哪里学最方便，体育训练在哪里做最有效，来明确自己的教育需求。

目前，北京部分区域已经开始尝试邀请好未来、新东方，以及各种艺术、科学教育机构，为在校学生开设相关学科课程和下午三点半以后的活动课程。

对此，我们需要持续地观察，看看这条路是否行得通，成效是不是显著。但是，在理论上应该是完全可行的。把选择权交给学生，在全社会统一配置教育资源，应该成为未来学习中心的基本模式。

以我今天的眼光来看，我认为，在未来，各类民办教育机构，都有可能成为学习中心。

民办机构为什么可以成为未来的学习中心呢？对这个问题，总是有人表示不解。

我举个例子解释一下。

黄山脚下，有一所木工学校，多年前我看过这所学校，给我的印象非常深。我觉得这样一所学校，就可以成为学习中心。

这所学校，是一个小时候在黄山脚下长大的孩子创办的，他在中国科技大学做了副研究员，随后到美国留学，生活了几年，回国以后，他去苏州办公司。

我见过他，他对我说，刚开始的起心动念，是因为他自己的公司需要木工，后来一想，如果能够对家乡有所回报，岂不是一举两得吗？

木工学校，顾名思义，是培养木工的。

这所学校与众不同的地方有两点。

第一，你不要把木工仅仅当作一个简单的养家糊口的手艺，而是要把它当作一个有创造性的职业，你要发自内心地喜欢这个行当。

学校鼓励学生在喜欢的过程中去探索，去做艺术家一样的有创造性的工作。学校会带学生参观徽州的古建筑艺术，让大家从细节当中体会古代工匠有创造性的工作，感受他们的艺术魅力。

校长跟学生说，你不要瞧不起木匠，一个敬业的木匠要比一个平庸的博士对社会的贡献大得多。学校每年都有毕业典礼，而且非常盛大，学生穿上隆重的匠士服，戴上匠士帽，从校长那里得到一个匠士学位。

大家注意，他们在这里所用的词是“匠士”，是“士”，而不是木匠。

第二，采用学徒制的教学方法。

这所学校的课程设置，跟很多中专学校差不多，文化课和实训课的比例是 3∶7，要求学生一定要在干中学。

跟传统的师傅带徒弟不同的是，他们让师兄带师弟，让学生教学生。我觉得这样的教学方法是很值得提倡的。我们说教学相长，不仅是老师和学生之间的教与学，而且应该是学生与学生之间的教与学。作为师兄，你要想教得好，你首先得学得好。但是，学十遍，不如教师弟一遍。

第一次听校长讲木工学校的故事，我就觉得这是一个以职业精神和技能培养为主的学习中心，我们未来的学习中心应该有不同的类型，有的是艺术类型，有的是科学类型，更多的可能是职业类型和技能类型。

过去我们有误解，以为职业类型、技术类型的学校，没有操守，没有德育。父母不敢把孩子送到技校，其中一个原因就是，担心技校里面只教手艺，不育人。当我向朋友讲到职业类型的学习中心、技术类型的学习中心的时候，大家就担心这些培训类的机构变成了未来的学习中心，他们还能不能育人。

毫无疑问，这样的思路是僵化的、片面的。一个学校能不能育人，不在于它教的是文化课，还是专业技能。这个木工学校今天办得怎么样，我不知道，我现在所说的，都是多年前的旧闻。这所学校培养的学生究竟怎么样，我也没有做过严谨的学术意义上的研究。但是，仅仅从他们介绍的几年前的理念来看，我觉得职业技能的教育，可能要比单纯的文化课更容易育人。

比如说这所木工学校的校训，非常简单明了，“诚实，勤劳，有爱心，不走捷径”，这个校训不是往墙上一贴就了事了，而是在制作八仙桌、太师椅的过程中，一斧头一斧头砍出来，一锯子一凿子落到实处的。

最后，我归纳一下这个木工学校的例子，谈谈什么样的民办教育机构可以成为学习中心。我认为，具有两个条件就可以：一者，有明确的培养目标；二者，能育人。

没有统一的教材

在传统学校，教材是学生学习的主要依据，是基本的教学用书。教材是根据国家课程标准来编写的，是课程标准的具体化，通常按学年或学期分册，划分单元或章节。

在传统学校，我们往往要求教师“吃透教材”，学生“读透教材”，以教材和教学辅助材料为主要学习内容的学习体系坚如磐石。一本教材走天下，弄懂教材考不怕。以知识为中心的学习，演变为以教材为中心的学习。

教材固然重要，未来学习中心也会有相应的教材，但是不会像现在这样用统一的教材。现在的教材是根据教学大纲来设计编写的，教学大纲是根据课程标准编制确定的。它规定的是教学的基本要求，衡量的是学生有没有掌握基本知识与基本能力。总的来说，还是以知识为中心，以考试评价为手段的教材运行体制。这样的体制对于掌握基础知识有积极意义，但是对于创造探索就显得不够了。

过去我们采用过“一纲多本”的教材编写和使用体系。这样的体系对于鼓励教材创新迭代、提升教材质量是有积极意义的，只是，也出现了一些乱象，所以导致现在规定全国部分人文学科使用全国统一教材。但是，从提高教材质量的角度来看，还是应该强调国家教育基准，规范课程标准，强化教材审查和质量把关。因为，未来学习中心的学习不仅是为了达到基本标准和通过考试评价，更是为了学习得更好、更丰富、更有趣、更有挑战性，所以应该有不同程度、不同个性、不同挑战级别的教材。

从国际经验来看，要保证一个国家的教育品质和教材质量，需要有一批一辈子从事教材研究与教材编写的专家。在许多发达国家，一本教材往往不断修订，先后达十几个版次、几十个版次，甚至几代人接力编写，这才确保了教材质量和教育品质。

我曾经主持翻译的《海外教育科学精品教材译丛》，其中的许多教材如《儿童发展》《教育心理学》等，就是不断修订完善的优秀教材。而我们的教材由于“定于一尊”，可能会慢慢失去革新成长的动力。

所以，未来学习中心的教材，国家教育部门只需要确定基本的课程标准，教材的编写、出版和使用则引入竞争机制，最后由国家教材审查委员会和社会第三方机构共同选择优秀教材。教师可以在众多的通过审定的教材中选择适合自己和学生的教材。

所以，未来学习中心的教材将更加多元，允许学生和教师选择最适合自己的教材。

全天候开放，没有周末、寒暑假，也没有上学、放学时间

未来的学习中心，学习的时间会更加有弹性。

未来学习中心是全天候的，没有星期六、星期天，也没有寒暑假，学生可以根据自己的需要来安排学习时间。这样，学习中心的设施会得到最大限度的利用，整个教育资源会实现进一步的集约化。

其实，我们现在的教育资源浪费很严重，大部分的中小学和大学，校舍利用率很低，一年中有一半的时间都没有被使用。星期六、星期天、节假日扣掉以后，教育资源在大部分时间里是闲置的。

我们传统的学校生活节奏与节假日安排，和工业化的生产方式是适应的，甚至和传统的农业社会也有很大的联系，是以成年人的工作为中心设计的。

可汗学院的创始人就曾经激烈抨击寒暑假制度。他认为这是“农耕社会的残留物”。不仅造成了大量教育设施的闲置，也造成了对金钱和时间的大量浪费。更重要的是，寒暑假让学习进度中途搁置，“知识的连贯性被打破，阶段性的学习成果付诸东流”。他用骑自行车来比喻，在我们骑自行车的时

候，一直蹬车要比停下来重新起步容易得多。学习的过程也是如此。

现在看来，其实没有必要安排统一的节假日，因为学习是一个连续性与非连续性的统一。以我们的课堂为例，一节课 45 分钟，一个教室里 45 个学生，这是天经地义的吗？为什么在一个有效的单元时间内，正好学到那个时候，就下课了？学习有如此精确的安排吗？只是为了我们管理的方便而已。每一节课，为什么一定要 45 分钟？为什么要在学生学习正兴奋时戛然而止？ 40 分钟不行吗？ 30 分钟不可以吗？为什么现在的 TED（技术、娱乐、设计）讲演只有 10~15 分钟？不同年龄阶段的学生维持注意力的时间究竟是多少？为什么许多学校开始探索 20~30 分钟的短课堂？

为什么要让 45 个或者更多的学生整齐划一地学习同样的内容？其实每个人的学习背景、学习基础是完全不同的，1/3 的人可能听不懂，另外 1/3 的学生可能早已经懂了，这两种类型的学生在教室里是不是很难受？其实他们大部分人是陪着少部分人在进行学习的。

另外，为什么一个上午的课程需要不断变化，语文、数学、外语、物理、化学交替进行？为什么在学生学习一个问题、一个学科正兴奋的时候又要“移情别恋”？为什么不能够一个上午学习一个学科，解决一个问题？学生的学习与科学家的研究是不是有类似的特点？为什么华德福学校的课程经常是连续性的，一个上午，甚至一周、两周连续学习一门课程？有的时候，特别是学生自主探索或者小组讨论正兴奋的时候，时间一到就戛然而止，这明显不符合学生的认知规律。

但是，在传统的教室里，拖堂或者提前下课都属于教学事故，那些优秀的教师经常把时间控制得一分钟不差。这是工业化思维，根本不是人性化的思维。

没有学制，可以 8 岁入学，也可以 12 岁入学

未来学习中心的学习周期也会弹性化。

前些年全国两会上，以莫言先生为代表的政协委员曾经呼吁："要缩短学制。"易中天先生也在中国教育 30 人论坛主办的一次论坛上提出，现在中国教育的效率实在太低，需要改学制，把九年义务教育改为十年，不要再分小学、初中、高中。多年以来，要求缩短学制的呼声一直不绝于耳。

也有学校悄悄地进行了缩短学制的探索。如我的母校上海师范大学附属的上海市实验学校，就实行了小学、初中、高中十年一贯制弹性学制，其中小学 4 年、初中 3 年、高中 3

年，培养的学生也非常优秀。在上海民进的教育论坛上，我听过他们现任校长徐红兴高采烈地讲述他们学生的故事，自豪之情溢于言表。

所以，我认为只有突破学制思维，来思考中国未来的学制，才是解决中国学制问题未来的方向。正如只有突破教师编制，来思考中国未来的教师，才是解决中国教师问题未来的方向。

现在学生6周岁入学，少一天都不行。

每天早上8点上课，晚一分钟就是迟到。

其实，规定6周岁入学也是很不合理的。为了赶上报名，赶上9月1号开学，有一些母亲甚至剖腹生产，让孩子提前来到这个世界，人为地破坏了生命自身的节律。

其实，同样是七八岁的孩子，他们的个性发展、心理特征、认知水平有可能是完全不一样的。为什么学生不可以5岁入学，甚至9岁或者12岁入学呢？

同样，为什么每天早晨必须8点开始上第一节课，迟到就要受罚，而不可以9点甚至11点上课呢？为什么不能允许不同的学生在不同的时间开始学习不同的学习内容呢？

据媒体报道，2019年初，法国教育部长让－米歇尔·布朗凯批准了巴黎地区委员会的一项提议，把15~18岁的学生的上课时间从早上8点推迟到9点。

报道称，这项提议的倡导者援引美国的一项研究结果说，自 2016 年以来推迟上学时间让西雅图的中学生获益匪浅，他们平均每天多睡了 34 分钟，结果是学习成绩更好，缺勤也较少。

一些专家说，青少年之所以会睡过头，是因为他们体内不断变化的荷尔蒙告诉他们要晚一点起床，然后在晚上保持清醒。支持推迟上课时间的法国生物学家克莱尔·拉孔特说："通过让学校上午 9 点开始上课，我们希望能够弥补青少年生物钟的自然滞后。睡眠的最后阶段是最重要的。"她还补充说，法国学生每周的学习时间相当于 40 个小时，这影响了他们的健康和分数。

与法国推迟上课让学生补觉的决策相比，中国很多学校与行政部门很少真正从学生的健康与学习的效率角度考虑问题。我们上学的时间还是太早，有些学校要求学生到校时间在早晨 7 点到 7 点 30 分左右，早读和第一节课的时间也比较早，学生往往在早晨 6 点起床，睡眠时间严重不足。

其实，学生的生物钟是不一样的，统一的时间上学，仍然是大工业时代整齐划一的管理办法。未来学校一定会更加个性化、弹性化，未来学习中心将采取更加灵活的学习方式。我们完全没必要像现在这样准时准点来上课，准时准点办入学手续。

因此，未来的学习周期和整个学习计划是根据学生的需要来安排的，小学生不一定要 6 岁入学，早一点或者晚一点也可以。在孩子想学的时候就可以开始学习，学习是一个线性的、流动性的过程。

所以，未来肯定不会去查学生的身份证，不强制要求必须是在 8 月 31 号之前出生的孩子才能入学。没有必要，因为你任何时候都可以学习，所有的学习记录都可以保存在学分银行和不同的数据中心。

学生也可以根据父母的工作特点来安排何时学习，何时休息，何时度假。未来也没有留级制度，学完了一门课程就有一个课程认证，然后就记载到你个人的学分银行上，所以学习的时间会更有弹性，方式也会更加多样化。

10 岁的孩子可以跟 70 岁的老人在同一个课堂上课

未来学习中心有可能将不存在专门为老年人办的老年大学，以及为幼儿办的幼儿园这样的单一的机构，学习中心可以为所有人提供服务，混龄学习将成为重要的特点，10 岁的孩子可以跟 70 岁的老人在同一课堂上课，一起学习，一起玩耍。当然，在相当长的时间内，同一个年龄阶段的孩子一起学习，仍然会是最主要的学习方式。

在未知世界面前，每个人都是平等的。这样，所有的学习机构都可能转变成有自身特色的学习中心，不同的人可以寻找适合自己的学习内容和学习机构。

未来社会，政府将不仅为义务教育、高中教育、高等教育、职业教育提供支持，也会为所有人的学习创造良好的环境，政府不仅购买基础教育的公共服务，也可以通过发放教育券的方式鼓励人们终身学习。既然是终身学习，就是从摇篮到坟墓的学习，不同年龄阶段的人在学习中心相遇，在不同的课堂相遇，就应该是常见的现象，而不是难得的风景。

2017 年 12 月，我陪同时任全国人大常委会副委员长严隽琪会见新加坡人民行动党领袖，文化、社区及青年部部长傅海燕，她在介绍新加坡教育发展时谈道，为了鼓励成年人终身学习，新加坡政府为 25 岁以上的人群每人发放了 500 新加坡元的学习券，供成人选择适合他们的职业技能教育，23 大类职业均有相应的培训机构。这些培训机构其实就是特殊的技能学习中心。

未来学习中心的专业化、集约化程度会进一步提高，不仅能够使教育资源得到更合理、更充分的使用，而且能够打破现在千篇一律、千人一腔的课堂教学模式，让学习过程更有趣，不同的人互相学习、取长补短的功能得到更好的发挥。

教师是自主学习的指导者、陪伴者

未来学习中心的教师将是自主学习的指导者、陪伴者。

未来的教师队伍将更加开放多元。诺贝尔物理学奖得主斯蒂芬·温伯格曾经说，在知识网络化以后，房间里面最聪明的绝对不是站在讲台前给你上课的老师，而是所有人加起来的智慧。也就是说，未来的学习中心不再仅仅依靠传统教师。

未来学习中心会有一部分自聘教师，他们掌握着这个学习中心的优势课程资源与有效教学方法。但是大部分的课程资源可以购买，可以通过课程外包的方式派遣，也可以跨学习中心来调用教育资源。

现在，体制内的一部分教师会成为“独立教师”或“自由教师”，组建自己的教学工作室或者课程公司，为学校提供课程和教学服务。

也有不少社会的优秀人才，通过自己的“绝活”和一技之长为学校提供特色课程资源。

所以脸书（Facebook）的创始人扎克伯格提出的“教师将成为自由职业者”将不再是神话，“得道为先”“能者为师”

的格局将会形成。

这个问题，我在后面会用一个专门的章节来讲。这里，我们先不细说。

学习中心，为什么“长”成这个样子？

现在，我们停顿一下，回头看看，所谓的学习中心到底“长”什么模样？你的头脑中是否有点轮廓性的形象了？校园还在，但是变成了学习中心，而且不是学生的唯一去处；老师还有，但是变成了指导者和陪伴者，能者为师的时代开始出现；课程还要有，但是除了国家规定的基础课程，更多的是个性化的自选课程；等等。

下面，我们接着追问一句：学习中心，为什么“长”成这个样子？为什么具有这些形象化的特征？

我认为，有三个原因。

这三个原因，归根结底，也是学习中心之所以能够出现的基于教育本身的内在因素，这与互联网不一样。互联网是外部因素。

原因一：学校不再是教育的唯一场所

从教育发展的历史来看，家庭、学校和其他社会机构，在不同的历史阶段分别扮演了不同的角色，以不同的方式共同推进了教育的发展。

我喜欢从历史的角度探讨原因。这是因为，我们今天的一切都是有来由的。

大家可以想想，在人类远古文明的漫长岁月里，教育是在哪里进行的?

是在社会实践中进行的!

家庭出现之后呢?

原来由社会共同承担的教育任务，就开始由家庭与社会共同承担了。最早的学校萌芽与家庭一样，也是出现在原始社会的末期。

本书第一章，我跟大家一起回溯了教育的历史。我说过，现代学校制度是工业革命的产物。

工业革命需要劳动力，需要越来越多的父母参与生产活动。他们有了自己专门的职业活动，这在很大程度上导致他们开始“走出”家庭，逐步“淡出”教育的舞台。

这样，学校就成为教育的主渠道，承担起最重要的教育使命，也就顺理成章了。

今天，大家看看，那些忙碌的父母，是不是还是把孩子往学校一丢了事?

一直到20世纪60年代前，家庭、社区与学校的联系与合作都是比较少见的，只有在出现各种事件或变故时，如孩子在学校出现了严重的行为问题，或在家中显露出受到极度的课业压力时，彼此之间才会联系。

20世纪60年代开始，西方国家掀起了以教育机会平等为基本内容的平权运动，强调关注处于不利境地的儿童和家庭的教育机会。

1966年,《科尔曼报告》提出了一个令学校教育感到尴尬的研究结论，即学校在孩子学业成功方面没有多少实际用处，而家庭及其同伴的影响才是决定孩子学业成就的关键因素。

同时，威廉·休厄尔和罗伯特·豪泽等教育社会学家的研究也发现，父母的参与和期望是儿童成长的重要中介变量。

这些研究让人们重新思考家庭与学校教育的关系问题，重新考量家庭和社区在教育中的作用，家校合作问题也开始提上议事日程，许多国家的政府先后出台了推进家校合作的政策，鼓励父母参与孩子的教育。

我们知道，尽管学校是有计划、有组织地进行系统的教育活动的组织机构，学校教育的专业性等特点保证了其效率与优势，但学校教育从来不是孤立的。家庭和社区在教育中的作用被严重低估了。

长期以来，社区在教育中的作用也没有得到足够的重视。学校和家庭都是处于一定的社区之中，社区是家校合作的重要空间环境和文化环境，也是重要合作伙伴。尤其是社区的图书馆、博物馆、科技馆、电影院、剧院、青少年活动中心等，都是非常好的教育资源，都对学生的成长起着非常重要的作用。

根据美国学者乔伊丝·爱泼斯坦的“交叠影响域理论”，家校社合作共育是学校、家庭、社区合作，三者共同对孩子的教育和发展产生叠加影响的过程。

家校社三者是合作伙伴关系。我们认为，学校、家庭和社区虽然各有职能，但彼此间又密切相关。学校不仅是教育活动的组织机构，还是社区的文化中心和文明引擎；家庭不仅是亲缘关系的社会单元，还是孩子的课余学校与亲子乐园；社区不仅是区域生活的共同空间，还是孩子的第二课堂和实践基地。

在未来，学校、家庭和社区在一定意义上都是不同的学习空间，不同的学习中心。三者的合作构成了家校社合作共育中的“磁场效应”，会让所有参与者产生精神共振，这将是一种理想的立体化、大教育状态。

因此，从未来教育的发展来看，家庭和社区在教育中扮演的角色会越来越重要。

过去学校几乎“包办”了教育的一切，提供了全部教育资源，学习活动主要发生的地方也在学校。未来社会，这个格局将被彻底颠覆，学校不可能包揽教育的全部内容，教育资源的提供者将更加多元开放，学习活动发生的场所也不再局限在学校。

原因二：学习要回归生活

学习要回归生活，这是学习中心之所以出现那些形象特征的又一个内在因素，也是未来学习中心的一个重要方向。

教育本身就是生活，教育就是生活的方式，是行动的方式。教育在作为促进美好生活的一种手段的同时，它本身就应该是目的，应该让所有与教育发生关系的人过一种幸福完整的生活。

100 多年前，约翰·杜威严肃批评过教育远离社会生活的弊端。他在《我的教育信条》一书中明确提出：“教育是生活的过程，而不是将来生活的预备。学校必须呈现现在的生活——即对儿童说来是真实而生气勃勃的生活。像他们在家庭里、在邻里间、在运动场上所经历的生活那样。不通过各种生活形式，或者不通过那些本身就值得生活的生活形式来实现的教育，对于真正的现实总是贫乏的代替物，结果形成呆板而死气沉沉的局面。”（吕达、刘立德、邹海燕主编的《杜威教育文集》第1卷，第7—8页，人民教育出版社，2008年版。）

在以往的教育学家看来，学校只是为学生的未来发展做准备的地方，所以教育过程只是为未来做“准备”。但是，杜威认为，学校不仅是为未来的生活做准备，更重要的是，它“必须呈现现在的生活”，对儿童来说，“是真实而生气勃勃的生活”。

所以，杜威主张学校应该成为社会生活的“简化版”和“浓缩版”：“学校作为一种制度，应当把现实的社会生活简化起来，缩小到一种雏形的状态。”

当然，学校其实也不应该是社会生活的“简化版”和“浓缩版”，因为学校生活与社会生活的目标、任务还是有所不同的。学校不可能成为工厂或者农场，直接从事生产劳作；也不可能成为政府机关，直接处理各种社会事务。但是，学校应该与社会生活无缝对接，应该时刻关注社会生活。

同时，更重要的是，学校本身就是一种特殊的社会，学校的社会生态，师生在学校中的认知、情感、社会生活，不仅对他们未来的发展具有重要的意义，对他们当下的生活也特别重要。

在未来学习中心，学习要回归生活，需要在以下两个方面下功夫：一是指向幸福的生活，二是指向完整的生活。

这也是我在新教育实验中一再倡导的，让师生过一种幸福完整的教育生活。

原因三：以知识为中心，将转变为以学生为中心

适合的教育就是最好的教育。在一定意义上可以说，教育不是简单地为了适应外界，而是为了自己内心的丰富。

从以知识为中心到以学生为中心的这个“改变”，就是我所说的第三个原因。

未来教育将发生一次类似于从“地心说”到“日心说”的哥白尼式的革命。教育将从以知识为中心转变为以学生为中心，从以教师的“教”为中心转向真正地以学生的“学”为中心。未来的学习中心，必须适应这样的转变。

从学习的内在本质来说，现在的教育重点在知识，在教

师的“教”，整个学习活动是围绕知识展开的，是以教师的教学活动为中心的。

未来整个教育的变化，重心要转变为以学生为中心，以学生的学习为中心，学习活动是围绕学生展开的。以学生的学习为中心，就必须去标准化，必须个性化、定制化。

所以，个性化、定制化将会成为未来学习的主要形式，学生不需要完全按照千篇一律的标准化的学习内容来学习。每个学生可以自己来制订学习的计划，确定学习的节奏，定制学习的内容。

我什么时候学什么，不是别人说了算，而是我的学习我自己做主。因为我要自己安排我的发展路径，我会安排我什么时候学习什么内容，也就是说真正地实现以学生的学习为中心。

20 世纪 80 年代，西方兴起了一门主要由生物科学和教育科学交叉而形成的前沿学科——学习科学。学习科学旨在建立心智、大脑与教育之间的桥梁，将生物科学的最新成果，包括认知神经科学、情感神经科学、基因科学和生物分子学等应用于教育和学习过程。学习科学的兴起，在很大程度上呼应了整个社会和教育从关注“教”走向关注“学”的趋势。

第三章

学习中心，谁来学？

这个问题，应该请孔子来回答。

孔子早就说过“有教无类”，想学的就是学生。

未来学习中心，当然是，想学的就来学。

2016 年夏天，第一位在哈佛大学毕业典礼上演讲的中国人何江博士陪我逛哈佛大学的书店。我在这里读到一本名为《大学的终结》的书。我很喜欢这本书，回来后就组织翻译，没有想到，我们翻译得差不多的时候，这本书的中文版竟然出来了。这本书的作者介绍说，为了了解未来社会大学的变革，他专门在麻省理工学院选修了“生命的奥秘”这门课程。

▶▶▶

让他惊讶的是，选修这门课程的学生有 13 岁的孩子甚至 72 岁的老人，既有南美的医生和医学院学生、希腊的高中生，也有荷兰的退休化学家、斯里兰卡的大学辍学生、印度的全职主妇、乌克兰的软件工程师和菲律宾的护士。

这样的景象将是未来学习中心的常态。跨越国界和地区、超越年龄和性别的学习，在未来的学习中心，不是应该出现，而是一定会出现。

在这一章，我重点讨论两个关键词，一个是有教无类，另一个是混龄学习。

围绕这两个关键词，我回答两个问题。

一个是，为什么有教无类一直说到今天，却没能实现？

另一个是，混龄学习，为什么是可能的，又为什么是好的？

为什么有教无类一直说到今天，却没能实现？

2 000 多年前，孔子就提出了“有教无类”的教育理想。他认为，每个人都可以通过接受教育而从善，所以应该一视同仁对他们进行教育。

作为历史上第一个创办私学的教育家，孔子打破了官学对学生的限制，他招收学生不分阶级、不分地域、不分智愚，只要肯虚心向学，交上十条干猪肉，都可以成为他的弟子。

在孔子三千弟子、七十二贤人中，既有贵族出身的孟懿子、南宫敬叔、孟武伯、司马牛等，也有属于城市贫民和卑贱之人的颜路、颜回、仲弓、原宪、闵子骞等，甚至还有颜涿聚这样的“梁父之大盗”。

当然，在孔子的时代，真正能够接受教育的还是少数人，能够交得起十条干猪肉作为学费的也是少数人。在长期的封建社会，教育始终是少数人的特权。

一直到 1949 年中华人民共和国成立，我国学龄儿童的入学率也只有 25%，也就是说，还有 75% 的适龄儿童是无法进入学校读书的。

1949 年，我们国家全社会的文盲人数占总人口的 80% 左右，到 2000 年时，青壮年文盲还占到 15% 左右。

今天，受教育人数已经发生翻天覆地的变化，大学生人数多到再也不是什么天之骄子。既然受教育人数已经这么多了，我们为什么还说有教无类的理想到今天仍然没有完全实现？

客观上的原因，是受学校的规模和条件所限，许多好学校只能够满足一部分人的教育需求。

同时，随着时代的发展，越来越多的人有新的教育需求，传统的学校教育体系已经无法满足不同人群（如老年人）的教育需求。

更重要的是，孔子有教无类的理想，如果用现代的教育公平理论加以阐释，实现的难度会更大，要走的路会更远。

现代教育公平理论认为，教育公平有三个基本的层次。

第一是机会的公平，即让所有的人都能够有机会接受教育，所有的人都能够有学上。

几千年来，很多人是没有机会读书的，受教育曾经只是少数人的机会。应该说，这个理想现在在绝大多数国家和地区基本上做到了。

第二是过程的公平，即每个人享受到的教育应该是一样的，不能有些学校条件很好，有些学校条件很差；不能有些学校教师素质很高，有些学校教师素质较低。所以，教育资源的配置应该是公平的。

过程的公平仍然有漫长的道路要走。

第三是结果的公平，即所有人学到的知识，或者根据他的能力获得的东西是比较均衡的。教育的最终目的是帮助每个人成为最好的自己，教育不仅是把既定的知识传授给孩子，更重要的是满足不同学生的学习需求。

孔子在自己的学校中是努力做到因材施教、让学生各展其长的。他的学生，有的在德行方面出类拔萃，如颜渊、闵子骞、冉伯牛、仲弓等；有的在言语方面表现优异，如宰我、子贡等；有的善于处理政事，如冉有、子路等；有的是文学方面的高材生，如子游、子夏等。对于有不同个性的学生提出的同样的问题，孔子也给予了不同的答案。

与过程的公平相比，结果的公平更加不易。

在传统的学校中，所有人在同一个教室里学习同样的内容，无论教师怎样努力，也很难做到满足不同的需求，有些人“吃不饱”、有些人“吃不下”是不可避免的。所以，真正实现有教无类的理想，在传统的学校结构中非常困难。而未来学习中心，恰恰可以满足这样的需要，可以让这样的理想有可能成为现实。

有教无类：谁想学，谁就是学生

从目前的情况来看，我们的教育体系，我们的学校教育资源，主要是面向各个阶段的适龄学生开放的。接受义务教育、高中教育和高等教育的学生，是教育对象的主要来源，也是各种学校的主体生源。

从理想的情况来看，我们的教育体系，我们的各种教育资源，应该是面向所有人开放的。谁想学，谁就是学生。这是有教无类的最高境界。

未来学习中心的构架，就是为这个理想准备的。

由于未来学习中心打破了传统的学习周期，打破了正规教育与社会教育的壁垒，极大程度上释放了教育资源的空间。

现在的学校在晚间、周末和各种节假日都是关闭的；补习机构、社会教育机构则相反，在学校开放、学生上学期间是关闭的。这无疑造成了教育资源的双重浪费。如果采用新型的学习中心模式，我们现有的教育资源的利用率，起码可以放大一倍。同时，还会提供更多的就业机会。

很多年前，人类学家玛格丽特·米德说过一段发人深省的话："把所有游戏和学习放入童年，所有工作塞进中年，所有遗憾留给老年，这是极端错误和非常武断的做法。"

这样的做法，应该在未来学习中心"寿终正寝"了。在未来，谁想学，谁就是学生；谁有本事，谁就是老师。在这个领域是学生，在另外一个领域就可能是老师。白天或晚上是学生，晚上或白天可以当老师。一个能者为师、学者为生的新型的学习型社会，将会应运而生。

混龄学习，为什么是可能的，又为什么是好的？

传统的学校制度为了提高教学效率，设计了班级授课制，把年龄相同的学生编班教学。

虽然总体上来说，相同年龄的学生有着基本相同的认知水平与行为特征，但具体到每个学生又是完全不同的。

正如一个美国心理学家说的那样，同样是7岁的孩子，他们的心理发育年龄可能是5~10岁。而且，即使从教育的角度来说，混龄学习也有其独特的优势。

100多年前，蒙台梭利曾经批评传统的按照年龄"一刀切”的做法。她指出：“把人根据年龄分隔开来，是一件非常冷酷又不符合人性的事情。对于儿童也是一样，这样会打断生活之间的联系，使人与人之间无法互相学习。”所以，混龄学习是蒙氏教育的重要特点之一。

不仅在幼儿园期间可以混龄学习，其实在各个年龄阶段都可以采取这一学习方式。

我是恢复高考以后的第一届大学生，我们那时候就是真正的“混龄学习”。我们班级中有跳级的不到20岁的应届高中生，也有三四十岁的孩子他爸和孩子他妈。

这种混龄学习的确有很多优势。大同学和小同学在学习过程中可以互相帮助、取长补短，对我们的成长起了很大的作用。

那时，在一定程度上，我们的大同学的社会阅历和经验比老师都丰富，很多老师解决不了的问题他们可以帮助解决。

现在我们的大学辅导员自己还是孩子，在教育我们的孩子时，其优势和劣势都很明显。一方面，年轻辅导员有更贴近孩子的优势；另一方面，也意味着有相似的缺失。在一个班级内或学习群体里，如果是“混龄学习”，如果有阅历更丰富的同学，那么整个教育的活力和能量就会更强。

同时，同学里各种各样的人才都有，随时可以向他们请教。小同学精力旺盛，学习能力强，也促使大同学不能懈怠。现在的大学教育，因为基本上都是培养应届生，学生来了以后基本都是和同龄人一起在学习，混龄学习已经成为历史。

其实，国外大学也不像我们这样清一色的都是 20 多岁的年轻人。在美国大学里就可以看见许多年龄较大的人在学习。美国《退伍军人权利法案》就规定，军人在退伍后到州立大学学习可以获得全额学费、书本费和各州不一的生活费补助。根据民间研究机构美国教育委员会的一份报告，2007—2008 年，美国大约有 66 万名退伍军人和 21.5 万名军人就读大学，占所有大学生的 4%。

相对而言，中国的大学学生来源结构过于单一。我们应该鼓励社会人员进入高等院校学习，让混龄学习成为大学教育的常态，使其发挥出我们高等教育独特的优势。

不仅大学可以，中小学也是完全可行的。2008 年，桑德佛夫妇创办了一所混龄学习的学校——阿克顿学院。这所学校虽然有小学部、初中部和高中部，但是年级的概念在那里完全不适用。它是一所以学生为中心的小型学校，学生完全自主安排日程，自己组成项目学习小组，自己确定探索目标，自己学习如何利用学习资源，自行举办苏格拉底式研讨会。学生在公示的宣传栏中定期更新自己的学习进展，他们能够准确地知道自己距离学习目标还有多远。

在《翻转课堂的可汗学院》一书中有这样一段文字："如果强行按照年龄将孩子分开，那么每个孩子都可能损失一些东西。年纪小的孩子失去了心中的榜样，失去了偶像，失去了也许会在人生中起到重要作用的导师；而更糟糕的是，年长一些的孩子被剥夺了锻炼领导才能以及承担责任的机会，他们的心智无法变得成熟。"也就是说，在未来学习中心，混龄学习不仅是可能的，更是必需的，这样才能最大限度地发挥混龄学习的优势。

少年儿童来学，父母也可以同时来学

在未来学习中心，少年儿童可以在父母的陪伴下学习。

在学校教育体系建立之前，少年儿童的成长完全是在父母的陪伴下进行的。现代学校制度产生以后，随着女性走出家庭、父母的职业化程度的提高，少年儿童的教育权让渡给了学校，部分的家庭教育权交给了孩子的爷爷、奶奶、外公、外婆，隔代抚养成为我们教育的一个重要特点。

其实，父母是孩子的第一任老师，也是最重要的老师。孩子的语言，孩子的思维，孩子认识世界的方式，都是在父母的耳濡目染下学会的。为孩子做榜样是父母的重要任务。

对许多孩子来说，和父母在一起的意义、与父母交流的时间，远远比父母给予他的金钱、玩具重要得多。

在孩子成长最关键的时期，如果父母可以与孩子一起到学习中心学习，有分有合，孩子可以学习孩子想学习的内容，父母可以选择自己需要学习的内容，必要的时候与孩子一起学习。现在许多家庭中，父母与孩子一起学习钢琴，一起学习绘画，甚至一起学习科学，已经不是个别现象了。当然，这些情形往往发生在各种培训机构。

大量事实证明，这样的陪伴学习有助于父母理解学习过程，掌握指导孩子成长的技能，也有助于孩子更有效地学习。在和孩子一起学习的过程中，父母会帮助孩子阅读、观察、思考，从而构建一种亲密温馨又智慧的亲子关系，实现父母与孩子的共同成长。

未来的社会，可以像现在的哺乳期产假一样，为父母提供学习假和弹性的工作制度，这也会为父母陪伴孩子学习提供新的可能。

少年儿童来学，老年人也可以来学

截至 2017 年底，中国 60 岁及以上的老年人约占全体居民的 35%，为 2.41 亿人，到 2050 年，老龄人口将增加到 4.87 亿。中国人口的老龄化速度居世界榜首。

老年人上学难是许多城市的现实问题。自从 1983 年开办第一所老年大学以来，我国已经先后创建了 7 万多所老年大学。2017 年，全国有超过 800 万的 60 岁以上的老年人进入老年大学学习，但是这些人只占中国同龄老年人的 3% 多一点。在上海，6 位有意向上大学的老年人中，只有 1 位能够进入大学；在杭州，16 个人中仅有 1 个入学名额。很多地方只能采取抽签模式，或者额满为止。

未来学习中心是破解这个难题的好办法。现在的老年大学是把老年人“圈养”起来的，他们虽然可以互相温暖、减少孤独、增进健康，但是如果能够创建老年人与少年儿童一起学习的新体系，与父母的陪伴学习一样，把老年人的隔代抚养变成隔代教育与隔代学习，有分有合，三代人同堂学习，共读、共写、共同生活将成为可能。

现在我国政府计划在 2020 年之前在每个城市都设立一所老年大学。这远远无法满足老年人的学习需求。其实，我们可以重新进行教育资源的配置，全时空、全方位来统筹安排教育资源，打破教育类型、教育阶段的分隔。

如果我们也能够把各种机构的公共空间资源利用起来，把现有的学校教育资源对社会开放；如果我们打破传统的各类学校分而设立的做法，用新型的学习中心模式运营，既可以解决公共教育资源有限的问题，又可以创造出新型的学习形态。

不同社区、不同城市的学生都可以来学

未来的学习中心，是跨区域甚至是跨国界的。

现在的学校，基本按照区域划定学区，所有的学生在指定学区的指定学校学习，不允许“择校”。其实，这是在公共教育资源发展不平衡不充分的情况下的无奈之举，与满足人民群众对于美好教育的需求相比，是远远不能够适应的，而且也造成了事实上的不公平。在好的学区居住的家庭就能够拥有好的教育资源，进入好的学校；在不好的学区居住的家庭就无法拥有这样的教育资源和教育机会。因此，有钱人和有权力的人，就拼命想办法居住到好的学区，优先选择好的学校。

未来学习中心将会逐步打破这样的束缚。一方面，我们期待国家或者国家委托的机构建设线上学习中心，为所有的人提供最好的网络学习资源，不同城市、不同社区的人可以随时随地通过网络学习自己需要的内容。另一方面，只要线下实体的学习中心有富余的教育名额，学习者有学习的需求，

就可以为任何人开放。政府通过发放学习券的方式给学习者提供经费的支持，学习中心提供自己的服务维持运营，学习者根据自己的需要选择不同的学习中心学习，自己支付必要的费用。

前几年，世界教育创新峰会做过一次调查，发现未来私人对教育经费的投入会大大增长，达到总经费的43%，远远超过政府的30%和企业的27%（见图3.1）。

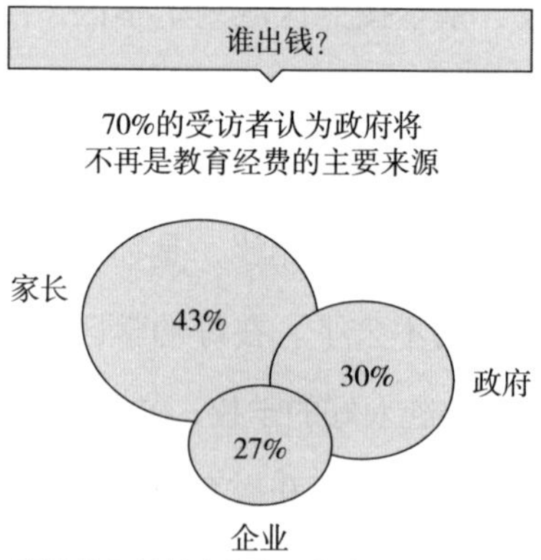

图3.1　世界教育创新峰会关于教育经费负担的调查结果

一开始我很难理解，为什么社会经济发展了，政府的钱越来越多了，作为公共服务的教育，反而让老百姓掏了越来越多的钱呢?

但是我仔细想一想，还是有道理的。为什么？因为政府永远不可能满足所有的教育需求，政府只能提供基本的公共产品服务，只能保证最基本的教育内容的提供，那么对大多数人而言，未来更需要的是个性化的服务。

未来政府仍然会继续买单，但是买单的方式可能会发生很大的变化，政府会满足最基本的学习内容，会更关注弱势人群的学习，会更精准地提供教育经费。例如，未来的非义务教育可能采取按照家庭收入付费的方式。10多年前我曾经访问南美的一些国家，其中就有一些国家的学生教育费用，如大学学费，是根据父母的家庭收入来决定的。现在政府的这种大包大揽的做法，未来会逐步改进。

所以，未来学习中心提供的学习资源会极为丰富，其中有一部分由政府和公益组织免费提供，但是也有相当一部分需要学习者自己付费。如现在的知乎、喜马拉雅等知识付费产品提供商一样，未来的学习中心将是一种政府买单和学习者买单并存的共同买单付费方式。

学习中心，未成年学生不一定是主流

未来的学习中心，谁将是学习的主体？

我们可能会下意识地认为，毫无疑问，最重要的主体学习者，仍然是适龄学生。我们可能仍然会认为，对于适龄学生而言，尤其是对于未成年人而言，学习是他们最主要的任务。

但是在未来的学习中心，所有人都有可能成为学习者。在许多学习中心，适龄学生、未成年人的数量会比其他类型的学生数量要少。

诚然，在教育资源有限的情况下，未来学习中心仍然需要有一套保障体制与机制，保障适龄学生，尤其是保障未成年的适龄学生，拥有优先学习的机会。

在未来社会，学习的场所会进一步多样化、多元化，教育资源将通过科学技术的发展，通过社会财富的累积，通过各类制度的协调，变得越来越丰厚，这也意味着学习中心会越来越多。

例如，美国的一个民间教育机构“亚特兰大实验室”，就属于一种新型的学习中心。这个学习中心的学生是来自亚特兰大市各个地方的高中十年级学生。这些学生自行创建学习项目，帮助自己所在的城市开拓出可持续发展的未来，去应对空气和饮用水质量、公共交通、共享能源和贫困问题。这些学生在这里学习整整一个学期，提供研究、思考、辩论等活动，进行项目式学习。学习结束以后，他们会举办一个“展览之夜”，向他们的朋友、同学、教师、家人以及社区展示他们的作品。

有评论认为，亚特兰大实验室正在“积极重塑这座拥有600万人口的城市的教育理念”。

再如，20世纪90年代初期，我曾经在日本上智大学做访问学者，为了有更多的机会接触日本人，了解日本社会，我业余教授几位日本老人学习中文。教室就是无偿借用的区域内的公民馆。公民馆，其实就是一个学习中心。教师和学习者都可以向公民馆申请教室进行教学和学习活动。

按照未来学习中心的构想，现在的学校改造成学习中心以后，在优先满足适龄学生的各种学习需求的同时，还可以为各个年龄阶段的人群提供服务。而类似日本公民馆这样的社会教育机构，也可以为适龄学生提供各种个性化需求的学习服务。未来学生的学习可选择性会更强，机会会更多，弹性会更大。

利用分门别类的各种资源成立的形形色色的学习中心，将会如雨后春笋般出现，再借助科学技术突飞猛进的发展，可以极大地满足人们进行自我教育的需求。

在未来社会中，简单的体力劳动、机械的智力劳动，都将逐渐被人工智能取代，时代将会要求一个人具备更加丰沛的情感、独特的创造力。这是外在环境的要求。

因此，未来人们的职业生涯中，将会有更多发挥特长的机会。围绕自己的特长而学习，进一步挖掘自己的潜力，这种学习需要将会成为个体内心的渴求。如此一来,未来的学习，也会成为真正的终身学习。

这一内一外的结合，将给未来学习中心带来川流不息的学员和老师。学员和老师的身份，也成为流动的标签。

这间教室、这个课程里的学员，到了那间教室、那个课程里，或许就成了老师。10 岁的孩子也可以成为老师，可以向 60 岁的长者传授知识。

每一个未成年学生的身边，都活跃着积极学习的成年人，成为未成年学生学习的榜样；能者为师的激励，又为每一个未成年学生提供了成为教师的机会……正是这样的局面，正是这种不再以未成年学生为主体的未来学习中心，却能够给未成年学生的学习提供更好的保障。

第四章

学习中心，谁来教?

近年来在讨论人工智能对教育的影响时，许多人曾经发问：未来，还需要老师吗？未来，究竟谁来做教师?

这是围棋界人机大战新闻发布之后，老师们问得最多的问题。

这个问题，当然也是许多行业面对的共同问题。大家都在问，未来，我们这个行业还需要人吗?

现在，我说未来学校要被学习中心取代，马上就有人问我：朱老师，老师未来会失业吗？你所说的学习中心，谁来教呢?

▶▶▶

▶▶▶

既然学习中心的学生可以有教无类，学习中心的教师会从哪里来呢？还会像过去一样吗？

答案其实很简单：能者为师，谁能教谁教。

智能机器人教师是不是一个梦想?

2017年，无论是中国还是世界，都发生了巨大的变化。从全球的视角来看，也许最重要的事件，就是智能机器人重出江湖。

智能机器人成为风云人物

虽然机器人和人工智能都不是新鲜的概念，但它们在2017年集中爆发，还是引起了海内外的广泛关注，以至于《亚洲周刊》把机器人作为2017年的风云人物。

这一次机器人的惊艳出场，代表性事件就是2017年5月发生的人工智能机器人阿尔法围棋（AlphaGo）三场连胜世界围棋冠军柯洁。接着，2017年10月，阿尔法围棋的升级版阿尔法元（AlphaZero）在没有人类导师的情况下无师自通，通过不到24小时的自我对弈、强化学习，就轻松击败了包括国际象棋、将棋和围棋在内的三大棋世界第一人。人工智能，攻陷了人类智力游戏的高地。

在医学和法律两个同样需要高智慧的领域，智能机器人也出手不凡。如在医疗诊断方面，2017 年 2 月 4 日世界癌症日这一天，机器人医生“沃森”从美国来华。据说“沃森”的“大脑”里储存了 200 多部肿瘤专业领域的教科书、超过 300 种医学期刊，以及 1 500 多万页肿瘤文献的关键信息和临床试验中的 60 多万条医疗证据，可以根据患者的病症、病史和诊查数据，自动搜索海量的病历和医学图书、论文数据库，进行对比匹配，得出诊断结果，并给出治疗方案。

“沃森”医生的确身手不凡。在短短两小时内，就为 21 名癌症患者做了义诊，包括胃癌、肺癌、直肠癌、结肠癌、乳腺癌和宫颈癌等。现场的知名医生都验证了它的权威性，据 IBM（国际商业机器公司）公布，“沃森”医生的诊断成功率已经超过 90%，远远超过人类医生的诊断成功率。

在中国也有类似报道。国防科技大学彭绍亮教授及其团队研发的超算医疗机器人，对 100 份病历进行批量临床诊断，只花了 4.8 秒，平均单个病例需要的时间仅为 0.04 秒。经过对比研究，智能机器人的诊断和专业医生做出的诊断结论一致度达到 100%。

在法律事务方面，美国拥有约 900 名律师的贝克 & 霍斯泰特勒（Baker & Hostetler）律师事务所启用了人工智能机器人，负责协助处理企业破产相关事务。而由志愿者共同研发的一款可以借助人工智能免费给人做法律指导的聊天机器人，也已经在全美 50 个州上线。据称，这种机器人律师在两年内帮人打赢了大量交通违法官司，有 37.5 万张违规停车罚单被交管部门撤销。

河南人机教育大赛

在国内教育领域，2017 年 10 月也发生了令人不可思议的事件。

一场高级教师对垒教学机器人的人机教学大战在高考大省河南上演：一方是 3 名具有 17 年教龄、获得过各种教学奖励的高级教师，另一方是智能机器人，他们对 78 名初中生进行为期 4 天的数学课程辅导。

活动首先对 78 名初中生进行摸底测试，根据成绩平均划分为两组，分别接受教学机器人和真人高级教师的授课。4 天时间他们对初中数学做有针对性和集中性的教学辅导，结束后再进行一轮测试，核算两组学生的分数提高情况。

为了保证这次人机大战的公平公正，组织者采取了以下五项措施：第一，所有的前测卷和后测卷都由第三方教育局教研室资深老师独立出题；第二，4 天的试验过程都进行了实时直播和录像，供所有人监督和回放复核；第三，试验过程中有媒体、艾瑞咨询公司和其他教育机构做观察员进行实地监控；第四，测试卷和智适应教学机器人上的试题经过媒体抽样调查保证无重复或类似试题；第五，使用智适应教学机器人的学生访谈都有录音记录备查。

4 天的教学过程结束以后，人机大战的结果是机器人人工智能教学全面碾压真人教学，在最核心的平均提分上以 36.13 分（机器人教学）完胜 26.18 分（真人教学），在最大提分和最小提分两项上，机器人组也分别高出真人组 5 分和 4 分。

2018 年，人工智能再一次高歌猛进。年初就有一个惊人的消息：在由斯坦福大学发起的 SQuAD（Stanford Question Answering Dataset）文本阅读理解挑战赛中，微软和阿里巴巴团队的人工智能模型分别以高分战胜了人类选手，位列榜单的前两位。虽然领先分数不多，但这是人工智能首次在文本阅读理解挑战赛中战胜人类，意味着人工智能在自然语言处理方面，已经达到了人类对语言词句的理解层次。

智能机器人浪潮汹涌而来，对人类社会究竟会产生怎样的影响？智能机器人教师正在走来，对教育究竟会带来怎样的变化？有人预测说：“未来 10 年，大部分人类只需思考 5 秒或以下就可以完成的工作都会被人工智能取代，从比例上来说，未来 10 年人类 50% 的工作都会被取代，比如助理、翻译、保安、前台、护士、记者、会计、教师、理财师……”其中教师赫然在列。

这样的预测有些耸人听闻。对教师被列在会被取代的职业之中，我更是不敢苟同。前不久英国发布的一个报告也预测，按照失去岗位的可能性来划分，从 100 到 0，在 300 种将受到失业威胁的岗位中，教师排在倒数第二位，被淘汰的可能性是 0.43%。

就像智能机器人可以帮助医疗诊断、帮助律师事务一样，但要真正取代医生和律师，几乎不可能。未来的智能机器人会帮助教师更好地从教，未来的教育也会进入“人机共教”的新时代，但教师职业不会消失，也不会被智能机器人取代。

未来教师会不会失业？

智能机器人教师能不能全面取代真人教师？

毫无疑问，教师作为一个古老的职业，在未来是不会被取代的，智能机器人也不可能全面取代真人教师。

但是，这并不意味着所有的教师不会被淘汰，一部分教师“失业”也是必然的。

这就需要我们真正能够看清教育与学校变化的格局与趋势，需要我们更加深刻地理解教育与教师的本性与特质。

要想不被淘汰，我认为其实关键是做到两条：一是学会做智能机器人做不到的事情；二是学会与智能机器人共处，让智能机器人为我所用。

今天的教师怎样才能不被淘汰？

首先，要学会做智能机器人做不到的事情。

究竟哪些事是智能机器人做不到的事情呢？在许多人看来，智能机器人似乎无所不能，其实智能机器人也是有软肋的。它的软肋就是它不可能完全具有人的情感交流和人文关怀，不可能具有真正的人的创造性与独特性。棋艺水平超高的阿尔法围棋眼里无疑是见棋而不见人的，而教育恰恰是“人的事业”。

怀特海曾经说，在教育过程中，“一旦你忘记了你的学生是有血有肉的，那么你就会遭遇悲惨的失败”。苏霍姆林斯基也认为，教学不是冷冰冰地把知识从一个脑袋装进另一个脑袋里，而是师生之间无时不在的情感交流。所以，未来的教育会更具情感性和互动性，未来的教师也应该增强自己的亲和力，努力成为学生的知心朋友，成为学生的成长伙伴，走进学生的心灵世界。

此外，智能机器人的逻辑思维和数据处理能力非常强，但是教师的工作往往是非预设的、非逻辑的、非线性的，教育过程中的各种偶发事件，各种力量的平衡，需要高度的创造性和艺术性。

2019 年 4 月，我在好未来体验人工智能机器人教授英语课程时也发现，虽然机器人教师能够出色地完成指令性、程序性的教学任务，但其对开放性、突发性的问题则束手无策、难以应对。为机器人之不能为，是未来教师的强项。

其次，学会与智能机器人共处，让智能机器人为我所用。

未来的人类一定是一种新型的人机结合体，人类会借助于智能机器人，变得更加聪明、更加强大。

美国教育界曾经广泛流传一句话：谷歌上能够查到的东西不需要在课堂上教。

如果按照这个标准，凡是在百度上可以检索到的知识，也不需要在课堂上教了，传统的以知识传授为主体的课堂教学就需要转型了，对教师的要求也就更高了。

未来的教师，会从现在大量的重复性的、简单性的、烦琐性的劳动中解放出来，不必要用大量时间批改作业，不需要在课堂上喋喋不休地进行知识性传授，也不需要在课后进行大量的模仿性训练、重复性练习。我考察调研过好未来等教育机构的双师模式，主讲老师可以通过网络给数百个班级的孩子上课，线下辅导老师则专心负责指导、陪伴等育人的工作。未来的教师需要娴熟地运用智能机器人获取各种教育资源，利用各种数据处理的方法与技术，及时分析教育教学中的各种案例与问题。

能者为师的时代，即将到来

未来的教师将成为自由职业者

脸书的创始人扎克伯格曾经预测，未来的教师将会成为自由职业者。

这句话其实意味着另一个事实，也就是说，如果一个教师无法做到前文提到的两点，他将被时代所淘汰。

200 多年前，德国教育家第斯多惠在《德国教师培养指南》中曾经说："凡是不能自我发展、自我培养和自我完善的人，同样也不能发展、培养和教育别人。"现在看来，这句话更像是针对智能时代的教师说的，因为几十年前，许多老师在接受完系统的教育训练以后，基本能够胜任教师职业。而现在，教师唯有不断学习、不断成长，才能适应"人机共教"的新时代。

教师职业是世界上最古老的职业之一。但是，教师职业本身也经历了许多变化。在原始社会，最初的教师往往是部落里富有经验的长者，他们在劳动生产的过程中担负着照看和养护孩子的任务，兼任着教师性质的工作。

在奴隶社会，“学在官府”，奴隶主贵族垄断文化教育，开始有了专门的“教师”培养奴隶主的子女，教育只是少数人的特权。

在奴隶社会后期，随着社会经济、政治的变动，官学逐渐式微，私学开始出现，孔子就是当时私学的代表人物。作为“万世师表”的孔子，并不是体制内的教师。私学，其实就是能者为师，那些满腹诗书、身通六艺的人，成为私学最初的教师。后来封建社会长期存在的私塾教育，其实也是这样性质的私学。

真正的大规模体制内教师的出现，是随着工业革命的兴起，以及现代学校制度与师范教育体系的形成而开始的。如前文所说，现代学校制度强调整齐划一，强调效率优先，特别是义务教育的强制性特点，更加剧了这些特点。

所以，随着新的工业革命的兴起和信息化社会的到来，随着新的学校形态的出现，随着教育的个性化、差异化、定制化的需求的增长，完全从学校教育体系中的教师那里获得知识与技能的时代也将终结，新的“能者为师”的时代即将到来。

事实上，我们已经看到了这样的趋势。

教师是指导者、陪伴者

2015 年，世界教育创新峰会对全世界的教育专家进行过一次很有意思的调查，我本人也接受邀请参加了这次调查。没有想到，调查的许多结果，比我想象的还要开放和前卫。

其中就有关于未来教师的角色问题（见图 4.1）。全球的教育家一致认为，未来的教师将不再是一个知识的传授者，而是学生的指导者、陪伴者。

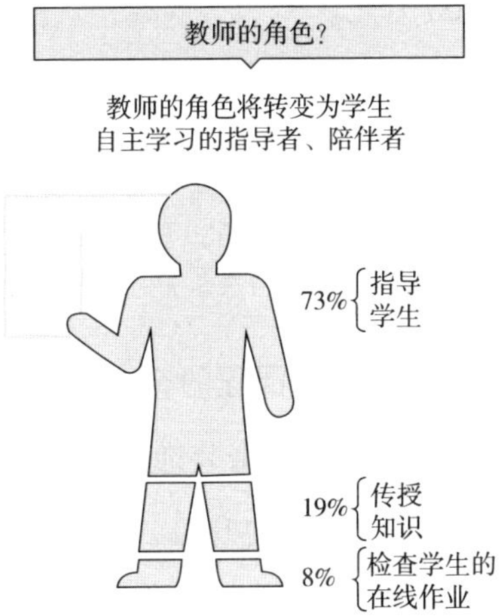

图 4.1 未来教师的角色

未来的教师，既是学生的指导者，也是学生的陪伴者；既是教练，也是陪练。他们不以学生的导师自居，而是与学生一起成长。注重与学生的情感沟通，注重及时发现和帮助解决学生遇到的问题，注重学生成长的内在需求，让学生更有获得感，这是未来教师的重要特点。

据《中国青年报》记者报道，2017 年跨年夜时，三个著名卫视频道上没有流量明星的劲歌热舞，出现的却是一个个知识精英。能让三家卫视频道如此“破例”的重要原因是，2016 年以来知识付费的火热。罗振宇在 2016 年的跨年演讲曾获实时收视第一，同年 12 月，喜马拉雅举办的“123 知识狂欢节”销量超 5 000 万元。

据企智网数据，知乎 live 在 2016 年 10 月单月收入超过 1 800 万元，达到峰值。其实，罗辑思维、喜马拉雅、知乎等平台里比较火爆的知识付费产品，就是由“自由教师”提供的收费课程。

有记者采访了购买这些课程的客户。一位客户声称，自己不是在单纯地购买知识碎片来装饰自己的头脑。“我觉得这些产品给我带来了操作系统的升级，让我变成了一个更好、更强大的人。”她几乎每天都在使用和消化这些产品，同时还在这些产品的启发下，购买了更多可供她深入学习的书籍。目前，她在狭义的“知识付费”产品上的花费已经超过万元。

另外一位用户告诉《中国青年报》记者，她喜欢购买这些产品，尽管几乎每次她都无法坚持到最后，但是她要用花钱的方式来逼迫自己学习。为了购买一门写作课程，她花了900元。

知乎的投资商、创新工场执行董事高晓虎从三个维度对知识付费市场进行了分析。他认为，其一，支付的场景化、线上化是一个长期的趋势。其二，中国的职业技能教育或者说生产资料教育的市场会越来越好。同时，面向新的情感或各个层面的冲动型收费也为市场助力，“如果面向更多的有这种需求的人群去扩张，如果这个人群的扩张没有停止，这个市场就没有问题”。其三，真正地为用户自身的修养付费的领域，其实就是读书市场。

其实，知识付费产品已经不仅面向社会公众，在校学生也是非常重要的消费群体。据中国之声《新闻纵横》2016年3月报道，一位在职老师开设的单价为9元的高中物理在线直播课，被2 617名学生购买，一小时的课程收入达到23 553元，在扣除20%（4 710.6元）的在线平台分成后，他一小时的实际收入高达18 842.4元。这位老师开设的7节课，听课总人数达到9 479人，课程总收入约8.4万元，如果按在线教育平台扣除20%分成计算，该老师7个小时的实际总收入超过6.7万元。7个小时的课程进账，几乎相当于一个普通学校教师一年的收入。

2017 年，苏州的一位“自由教师”史金霞来信，向我介绍了她离开体制以后的情况。从公办学校辞职以后，她在沪江网 CCTalk（实时互动教育平台）上创办了“史金霞个人网络微校”。她说：“我是教什么的？我不是教阅读的，也不是教写作文的，我是教书育人的。经典作品研读、日常习作评点、国际佳片鉴赏、口语交际练习、吟怀旧老歌、诵英语诗文——所有这些构成我课程的元素，都是使人成为人的手段，而不是目的。我们的出发点和目的地都是人，使人成为具有自由思想、独立人格的和谐发展的人。”

基于这样的认识，她开发了《跟史老师从小学学到大学》的生命成长系列课程，听课的学生从 7 岁的幼童到 70 岁的老人都有，但更多的是在校中小学生。为此，她还开发了《中学生综合读写课》系列课程。为了帮助父母与孩子一起成长，2017 年 7 月她开设了《给家长的十二堂课》，和来自全国各地的父母共同度过了一个饱含欢笑与泪水的难忘暑假。除了收费课程外，她在喜马拉雅的公益课程的播放量突破了 5 万。

在讲课之余，她出版了自己的第五本著作《教育：一场惊人的旅行》。同时，她每天用 10 多个小时疯狂地学习英语。她说，熟练地掌握英语，可以自如地用英语听说读写，是她的夙愿。

除了像史金霞这样的“个体户”自由教师外，现在还出现了若干自由教师的共同体组织。2017 年 9 月 26 日的《法治周末》以“独立教师‘自由’背后的无奈”为题报道了这个群体的故事。记者张舒发现，随着教育行业逐步走向市场化，传统教育关系正在被重构。辞掉公办学校工作，专职给学生补课的“自由教师”群体开始日趋壮大。

2014 年，胡进（化名）从北京市丰台区一所公立学校辞职后，和几个同伴成立了一家自由教师工作室。2017 年，工作室已经有 11 名老师，涵盖了初中、高中教育的几门重点学科，除了上门授课外，平时来教室补课的学生，加在一起有近 100 人了。每逢双休日，工作室的课程往往要从早排到晚。而在周一到周五，除了给学生提供上门补课服务外，他和同事还要花大量时间针对不同学生制订不同的课程方案。工作室为什么能够受到学生和父母的欢迎？除了应试教育的大背景外，也和他们的教学方法有关。胡进介绍说：“公立学校备课是针对知识，而工作室的备课则是针对学生。不同的学生要用不同的资料和方法，才能达到提分的效果。”每次上课前，他们都要和学生聊聊平时的生活、近期的烦恼，这些内容也是课程中重要的一环。

以上三个案例，其实已经预示了未来教师职业的多种形态。

一方面，传统学校教育中的教师仍然会存在，他们负责教育的“兜底”职责，贯彻国家的意志和教育方针，完成国家规定的教育目标和基本内容。

另一方面，教育有更大的开放性和选择性，国家教育行政部门或者国家教育行政部门委托的机构，会对社会提供的各种教育资源进行认证与评估，选择诸如罗辑思维、喜马拉雅、知乎这样的民间知识传播平台，史金霞这样的个体性质的“自由教师”，或者胡进这样的教师工作室（课程公司），甚至类似新东方、学而思这样的社会教育机构，以及各种技能培养机构，用购买公共服务的方式，为学生提供更多的优质教师资源。

这样，任何一个学有所长的人，都可以把自己的知识和技能，通过学校、教育机构和其他平台传授给学生，“能者为师”的新的教育时代将会真正到来。

第五章

学习中心，学什么？

教育，在实践中关系到两个基本问题。

从学生的角度，一个问题是学什么，另一个问题是怎么学。

站在老师的角度，问题就是教什么、怎么教。

大家知道，前面这个问题是教育内容或者课程的问题，后面这个问题是教育方法或者手段的问题。

学习内容，跟我们今天的课程体系一样吗？

我们正在学习的内容都是天经地义的吗？

学生应该学什么？究竟什么知识最有价值？这曾经是教育家关注的头等重要的问题。1859 年，英国学者斯宾塞提出了一个著名命题：“什么知识最有价值？”他对当时学校中古典学科课程占据主导地位，重虚饰、轻实用的知识价值观非常不满。他依据五种人类的基本活动，确立了按价值大小排列的各类知识。

今天，人们越来越重视后面的问题，即如何学、如何教、如何提高效率。学习科学成为当代教育的“显学”就是明证。学习科学是在认知科学的基础上发展起来的，是由生物科学、脑科学、心理科学、教育科学等交叉形成的前沿学科，自 20 世纪 80 年代问世以来，备受教育界关注，也在一定程度上引领着世界教育教学模式的变革方向，越来越多的国家筹建专门的学习科学研究组织和机构。

我们国家也一直紧跟这个潮流，在北京大学、北京师范大学、华东师范大学、东南大学等高校建立了学习科学的研究机构。为了提高教育界对未来教育发展趋势的预测和把控能力，2018 年 11 月，中国教育 30 人论坛在深圳前海举办了以“学习的革命：学习科学引领教育未来”为主题的世界教育前沿峰会。论坛邀请了海内外和两岸学习科学方面的著名专家学者，分享学习科学的前沿研究成果，介绍学习科学的发展和应用，以及如何把学习科学的最新成果应用于教育和教学实践。

我在会议上问了一个令大家有些措手不及的问题：我们都在研究如何学习更有效，但是，如果我们高效率学习的内容都是意义不大的东西，这样的学习还有价值吗？

长期以来，我们对于学习内容的关注是不够的。过去，很多朋友问我关于学习的问题。

朱老师，为什么我们的幼儿园不能够“小学化”？

朱老师，为什么我们的小学要开语文、数学、英语、科学、道德与法制、音乐、美术、体育等课程？小学能不能学哲学、学历史？电影、戏剧、设计为什么不能成为课程？

朱老师，为什么到了中学需要增加历史、地理、物理、化学、生物等课程？为什么大学要分科教学？

每个问我的人，几乎都要追问：这些难道就不能够改变吗？我也会问自己：我们的学生正在学习的东西都是天经地义的吗？

今天，我要说，在未来学习中心，这些能够改变。

为什么课程很重要？

课程的丰富性决定着生命的丰富性，课程的卓越性决定着生命的卓越性。在未来社会，在未来的学习中心，人们学习的内容将会发生重要的变化，从为了一纸文凭而学，到为了自己的兴趣和提升自己的能力而学，将是一个重要的转变。

课程是什么？课程体系是怎么来的？

对熟悉教育的朋友来说，这样的问题可能没有什么价值，但是，对教育圈之外的朋友来说，这样的介绍有助于说明我的观点。

我们今天所说的“课程”这个概念，是一个舶来品。

课程，英文叫 curriculum，这个词是从拉丁词“currere”派生出来的，意思是“跑道”（race-course）或“道路”（caree），也有“沿着跑道奔跑”的意思。

根据这个词源，最常见的课程定义是“学习的路线”或

“学习的进程”（course of study），简称学程。

英文 curriculum vitae 则不是说学校的课程，而是人生的履历了。也就是说，我们的人生其实是由我们学习的内容塑造的。

你说，课程在现代教育当中，是不是特别重要？

正如前面提到的那样，现代课程体系是由斯宾塞最早提出来的。他将人的完满生活作为衡量课程价值的标准，并将人类活动按照重要程度划为五种：

（1）直接保全自己的活动；

（2）获得生活必需品而间接保全自己的活动；

（3）抚养教育子女的活动；

（4）与维持正常社会政治关系有关的活动；

（5）在生活中的闲暇时间满足爱好和感情的各种活动。

与之相应的课程，就应该有生理学和解剖学（了解生理和生命规律是维护个人健康与安全的先决条件，也是饱有精力、生活幸福愉快的必备知识），有读写算技能的训练以及逻辑学、力学、几何学、热学、电磁学、化学、天文学、地质学、生物学、社会学、数学，有心理学和教育学，有历史、礼仪、信仰和宗教，还有绘画、雕刻、音乐等课程。他的这些论述，为建立现代基础教育的分科课程体系奠定了基础。

但是，随着现代社会知识总量的快速增加，以分科教学为代表的传统课程理论受到了挑战，知识掌握开始从目的走向手段，学科课程开始从分化走向综合。也就是说，教育并不是培养百科全书式的知识拥有者，而是能够运用知识去探寻新知和创造的人，知识学习本身从目的变成了手段。STEAM（融合科学、技术、工程、艺术、数学的综合教育）、综合实践课程、项目学习、研究性学习、主题学习、学科整合课程等都是在这样的背景下出现的。

下面，我分几个层次，介绍一下我们国家的课程体系。

在我国的中小学，课程大致可以从研发的主体和类型来分类。

从课程研发的主体来看，有国家课程、地方课程和学校课程三类。

国家制定中小学课程发展的总体规划，确定国家课程的门类和课时，制定国家课程标准，宏观指导中小学的课程实施。在此基础上，鼓励地方开发适应本地区的地方课程，学校研发适合本校特点的校本课程。

从课程研发的类型来看，有学科课程、活动课程、综合课程和隐蔽课程四类。

学科课程传统上分为工具学科（语文、数学、外语），社会学科（思想品德、政治、历史、地理、社会等），自然学科（自然、生物、物理、化学）和技艺学科（体育、音乐、美术、劳动技术、职业指导等）。

活动课程一般分为实际操作、文艺创作、游乐表演、调查研究和交流探讨等方式。

综合课程以跨学科融合为基本特征，可以分为知识本位的综合课程和社会本位的综合课程。

隐蔽课程是相对上述显性课程而言，学生在学校情景中所获得的，在学校政策及课程计划中未明确规定的、非正式的和无意识的经验。隐蔽课程具有隐含性、不确定性、强制性和持久性等特点。据统计，在义务教育阶段，学科课程占到总课时的近 80%，其中工具学科占时超过 50%。

严格来说，课程应该不限于学校教育的范畴，而是以家庭教育为根基、学校教育为主干、社会教育为辅助、自我教育为根本的全方位、全过程体系。而课程最本质的特点，则是教师与学生双方的生命体验。师生共同经历的课程，不是一堆知识的罗列，而是通过他们的共同生命体验，成为有德行、审美、情感和能力的人。

课程本身就是赋予师生生命成长的重要能量。课程作为生命成长的能量，通过课堂内外的叠加，学校与家庭的碰撞，以各种形式互相作用，从量变到质变，最终知识与社会生活、师生生命达到共鸣而形成。

课程体系非改不可吗？

正因为课程（教学内容）在教育过程中具有最重要的基础作用，所以，课程改革往往成为所有教育教学改革的重要突破口。

课程内容的数量与质量如何？

究竟应该把什么知识传授给未来的公民？

什么是一个人一生中最重要的素养？

现在的课程体系就是合理的吗？

这些问题一直是不同教育流派争论的焦点。

2002 年，苏格兰政府曾发起了一场关于这些问题的全民大讨论。在这场大讨论中，人们提出了减少课程内容的混乱堆砌，增加学习的乐趣，更顺畅地衔接 3~18 岁阶段的课程等建议。

2004 年 11 月，苏格兰提出了一套完整的学校现代化方案，他们把这个方案称为“卓越课程”计划。为此，苏格兰政府还设立了“卓越课程管理委员会”，出台了“卓越课程教学指导纲要”。

美国近100年以来先后出台了多项教育改革计划，课程改革一直是其核心内容，包括著名的美国《2061计划》《不让一个孩子掉队法案》等。

当然，包括我们国家在内，很多国家的课程改革虽然都搞得轰轰烈烈，但是总的来看，成效不像想象的那么明显。

原因何在？

我认真思考过这个问题，认为主要的原因就是，应试主义的教育体制和文凭至上的学历社会。

在这样的体系中，人们更关注的是“出身”，关注的是你毕业于什么样的学校，而不是你在这所学校学到了什么。由于我们缺乏更为有效的人才甄选办法，看文凭，看是否毕业于名校，是否有“211”“985”学校的文凭，在国外就是看是否毕业于常春藤学校，这些都成为最简单、最偷懒的人才评价方式。

当然，这样的问题，不仅是我们中国的问题，外国人同样认为，这也是他们国家的问题。

例如，凯文·凯里在《大学的终结：泛在大学与高等教育革命》一书中指出了文凭至上存在的问题，他认为大学文凭其实缺少许多重要的信息，比如学生在学校究竟学到了什么，从文凭上是无法看到的。这对那些没有读过大学，但是通过阅读、谈话、思考和工作来学习的人来说，是不够公平的。

所以，他提出要创造一种“远胜于传统文凭的新文凭”。

这话听起来比较拗口，是什么意思呢？

我个人认为，这种新文凭，就是能够全面真实反映人的学习历程的写实性课程证书。

我相信，随着云计算、大数据的出现，随着考试与评价的改革，随着高等教育的进一步普及化，未来社会将逐步淡化文凭的意义，而越来越看重一个人的真才实学，看一个人真正学习了什么、拥有了什么、掌握了什么。

所以，设计一个好的课程体系，把人类最美好的东西传授给我们的学生，交给学生一生有用的东西，就成为未来教育的基本特征，也是未来学习中心首先需要考虑的关键问题。

我们究竟应该学什么？

在古今中外的教育历史上，课程首先是围绕着培养目标来设计的。

这个思考，在今天仍然值得我们借鉴。

比如说，中国古代就把“成人”作为教育的主要目标。

所谓“成人”，有名词和动词两种含义。

名词意义上的“成人”，在中国古代主要指德才兼备的成熟的人，类似于英文的“perfect man”。

动词意义上的“成人”，则是指成就人的过程。

在中国古代，“成人”就是用“六艺”等美好的教育内容来培养优秀的人才。

我们回到历史，看看我们当年的“六艺”课程，就是很好的课程。

礼，就是礼仪；乐，就是音乐；射，就是射箭；御，就是驾车；书，就是书画；术，就是算术。

你看看，这样的课程，对“成人”这个目标来说，和当时的社会生活是不是密切相关？

这就是为活脱脱的生活而设计的课程，一个古代社会的精英教育的课程。

“六艺”没有要求学生抽象地去掌握生命以外的东西。

我们也不妨考察一下前面提到的苏格兰“卓越课程”计划中的目标与课程。

在这次改革中，苏格兰明确提出了把学生培养成为“成功的学习者、自信的个体、负责任的公民和社会的积极贡献者”的总体目标。

为了实现这个目标，“卓越课程”包括下面这些课程。

“表达艺术”，从能跟随音乐哼唱，到掌握声乐、乐器并能自信地在众人前表演，还包括艺术与设计、舞蹈、戏剧和音乐等。

“科学”，包括地理、物理、化学及当下的科学话题，如食品、卫生、气候、能源等。

“技术”，包括技术与社会发展，信息通信技术，技术发展的商业背景，技术发展的计算机基础，食品与纺织技术与常识，工艺、设计、工程及制图等。

“数学”，就是数字、货币和测量，形状、位置和运动，数据处理、个人财务管理等。

“语言”，有希腊语、拉丁语等古典语言，还有现代外语、盖尔语和英语。

“社会研究”，就是人与历史、社会，人与地域、环境，人与经济、商业，公民意识、创业意识及经营意识等。

“健康与幸福”，很有意思，我特别说一说。一是精神、情感、社会性及心理健康。希望学生学会负责任地做出选择和改变，掌握体育常识和运动技能，了解食物与健康的关系，防止酒精、毒品等物品滥用，关注性健康和亲子关系等。二是“宗教与道德教育”等。

我们对比一下我们古代的“六艺”,不难看出,苏格兰“卓越课程”计划的课程内容，与孔子的“六艺”，虽然时空距离如此遥远，但在精神气息上，还是有某些相通之处的。从中也不难看出，苏格兰“卓越课程”计划的所有课程都是围绕学生的生活与生命展开的,就在这些课程中,“以学生为中心”的理念正在萌芽。

那么，未来的课程究竟应该是怎样的形态？究竟应该把人类的哪些知识教给学生？不同的课程流派和专家有不同的主张，但是也有一个共同的困境，就是人类知识的无限性与学生学习时间的有限性之间的矛盾。国家主义主张，要把一个国家的价值观、文化传统等内容在课程中呈现；科学主义主张，要把科学的原理、规律、方法等知识在课程中呈现；实用主义主张，要把人类生活需要的知识和技能教给学生。

最后，我们可以看到，学生究竟应该学什么，最后的结果往往是各种力量的平衡，各种知识与技能的叠加，课程内容越来越多，体量越来越大。

这是一件让人沮丧的事。

我认为，不断做加法的课程，根本无法适应未来社会的发展需要。

我举个研究报告的结论，来表明我的观点。

人类的科学知识总量，在 19 世纪是每 50 年增加 1 倍，到了 20 世纪初期是每 30 年增加 1 倍，20 世纪 50 年代则是每 10 年增加 1 倍，20 世纪 70 年代是每 5 年增加 1 倍，20 世纪 80 年代是每 3 年增加 1 倍,20 世纪 90 年代以后则增加得更快。

我们要学习那么多的知识，是一件多么困难的事。正如庄子曾经说过的那样："吾生也有涯，而知也无涯。以有涯随无涯，殆已！"以有限的生命去学习无限的知识，是很危险的。所以，我们的课程一定要改革。

更重要的是，过去我们是把学习与工作完全分开的。所有的学习都在为今后的工作做准备，学习的课程内容，就是以后职业生涯必须用到的内容。

但是，现在职场的变化日新月异，把学习与工作分开，把学校作为职业的准备的做法已经行不通了。西方的调查表明，一个人一生的职业变化平均高达 10 次左右，而跨行业的变换，则达到 4 次左右。

所以，传统的做法已经无法适应未来职场的生态。

以生命为基石的真善美课程

那么，未来需要怎样的课程体系呢?

我发起的新教育实验，一直在思考和探索这个问题。

新教育实验，是一项民间的教育教学改革探索。它是以教师的成长为起点，以营造书香校园、师生共写随笔等十大行动为路径，以帮助新教育共同体过一种幸福完整的教育生活为目的的教育实验。自 2000 年以来，新教育实验已经在中国 26 个省市自治区、146 个实验区、4 200 多所学校中进行不同程度的实践，极大地改变了学生的生存状态、教师的生命状态和学校的发展模式，改变了许多区域的教育生态。

新教育实验以“为中国教育探路”为使命，在教师成长、课程研发、学校建设等方面进行了深度探索。

近年来，新教育研究院的新生命教育研究所、新科学教育研究所、新艺术教育研究院等研究机构，正在以新教育实验卓越课程体系的理论为纲要，全面研发、完善一个个面向未来的卓越课程体系。

我们认为，在以生命的幸福完整为终极目的和当下尺度，以哲学、心理学、教育学、社会学及相关学科理论为潜在的理论工具，以活生生的人为中心的三维空间里，可以建构起未来课程的体系构架。

我们可以把未来学习中心的基础课程体系，做成如下的设计。

以生命教育课程为基础，以智识教育课程、公民教育课程、艺术教育课程为主干，并以“特色课程”为必要补充。

这些课程的落脚点不同。

生命教育课程，落脚点在“拓展生命的长宽高”。教育首先是为生命而存在的，命都没有了，还要教育干嘛？所以，涵养生命是教育的天职。对生命的发现、挖掘、探索和追寻，是教育的永恒主题。生命教育课程以“过一种幸福完整的教育生活”为核心理念，围绕人的自然生命、社会生命和精神生命展开，旨在引导学生珍爱生命，积极生活，幸福人生，拓展生命的长度、宽度和高度，从而让每个人成为最好的自己。

智识教育课程，落脚点在于“真”。智识教育课程包括大科学与大人文课程，类似于通常所说的文理课程，主要包括语文、数学、外语、科学（或物理、化学、生物）、历史与社会（或历史与地理）等，这是传统课程的主干部分。之所以不用文理课程或智力课程的概念，一方面是我们用融合了哲学、文学、历史和地理的大人文和融合了数学、物理、化学、生物的大科学的理念重新构建了智识课程；另一方面是因为“智识”能够更准确地表达我们对于课程本质的思考。因为课程的根本目的不是传授知识，而是形成用以统领知识的智慧和运用知识的能力，所以主要采取项目制学习与主题性学习的方法进行学习。

公民教育课程，落脚点在于“善”。公民教育课程的目标是培养遵守社会公共道德，认同、理解、遵守与维护我国宪法，关心及参与公共事务，具有独立思考与敢于承担责任的能力，对民族的传统和文化有归属感的现代公民。主要包括公民道德、公民价值观、公民知识和公民参与技能四个方面的内容。我们把公民课程作为实践性课程，更多以培养社会责任感、领导能力和经济生活管理能力（财商）为公民教育的抓手。

艺术教育课程，落脚点在于“美”。艺术教育课程的目标是让学生在学习艺术的知识、欣赏优秀的作品、习得艺术的技能的基础上，掌握艺术的思维，拥有艺术的品位，具有艺术的精神，传承人类的文化，陶冶丰富的情感，培养完善的人格。艺术教育课程不是为了培养职业艺术家，不是艺术尖子和精英的选拔与培育，而是源于儿童天性的自由发挥，注重艺术欣赏力和艺术情怀的培育，是源于艺术（每个儿童的自然天性）、通过艺术（无处不在的中介作用）、为了艺术（艺术化的人生目的与境界）的教育。艺术课程不是简单的美术和音乐课程，而是融合了美术、音乐、书法、雕塑、创意、电影、戏剧等艺术样式，用大艺术概念整合的课程。

以上课程，不应该超过学生学习内容总量的50%。这样学生就有时间从容地学习自己的“特色课程”。特色课程解决的是“个性”问题。在重新设计智识教育、公民教育和艺术教育课程后，为特色教育课程留下了广阔的空间。

从人的成长来分析，每个人的知识体系和智慧结构基本上是依靠他自己来建构的。如果所有人都学同样的课程，就难以形成每个人独特的知识体系与智慧结构。而没有充分的时间和空间，学生是无法实现这样的建构的。因此，必须把学习内容的选择权，把学习的时间和空间还给学生，才能真正实现这样的可能。

这些课程应该怎么设计呢？应该按照学科集群的理念，用知识图谱来组合相关课程。

这些问题，我过去专门论述过，因为跟我们所说的“学习中心”有点儿远，我就不在这里重复了。

学习内容，跟我们今天的学校有何不同?

未来的学习中心，学习内容跟我们今天的学校无疑会有很大的变化。

最显著的变化，就是学习内容的个人化。不再是一张课程表管所有的学生，不再是所有的人在同一个教室里学习同样的课程。也就是说，未来的学生不会与其他学生学习一样的内容，而是学习满足个人需要、根据个人定制的内容。每个人的课程表是完全不一样的。

学习内容个人化

学习内容个人化，将是未来学习中心的一大特色。

有人问我，朱老师，这种想法是不是您的空想？

我说不是的，这个想法，国外早就有人实验过了。

大约在20年前，我就听说了瑞典的学习内容个人化的实验。

1992年，瑞典实施教育券制度，并开放、鼓励民间办学，催生了一批不同形态的“自由学校”，其中一些名为“知识学校”的中学，非常强调个性化学习。

个性化学习是和“知识学校”的概念联系在一起的。

知识学校，英文叫The Knowledge School，它有个基本信念：所有学生都是不同的，他们以不同的方式和不同的速度学习，学校的责任就是适应这些不同，对学生实行个性化的教育。

因为，个性化教育意味着学生的目标、志向和潜力，是学校和教师的工作起点，学校和教师必须依据学生的目标而决定所有的教学内容与方法。

所以，知识学校提倡以“个人目标”导向的教育。任何学生走进学校的大门时，首先需要回答三个问题：你来这所学校想要实现什么目标？为了实现这些目标，你需要学会什么？为了学会你想学会的东西，你需要怎么做？

为了帮助学生寻找和确定个人目标，学校实行“导师制”。知识学校认为，就像运动员需要与教练讨论自己的训练和进度一样，学生需要与老师讨论自己的学习，获得个性化的指导（coaching）。

在知识学校，每个学生都有一位专属于自己的导师，导师不一定对学生所学习的所有科目都精通，但都是学习行为的专家。他们对学生的在校学习做全程辅导，每周与学生单独会见一次，一起就目标的执行情况进行讨论，跟踪学生的学习进展，训练学生制订计划、提升学习策略。

知识学校的课程分两种学习方式：阶段式（steps）学习，主要涉及语文与数学；主题式（themes）学习，例如通过“星星”主题课程，可以融会贯通地学习历史、宗教、食品技术、地理、艺术、戏剧、音乐、舞蹈等。

未来，学习中心的学习内容，也完全可以是主题式的学习。

我学什么，我说了算，而不是学校说了算

自己决定学习的主要内容，决定学习的进度，而不是由别人安排，是未来学习中心的另一个特点。

一个欧洲的例子，足以说明这个特点。

在芬兰，有一所叫 Martinlaakson 的学校。

学校里，有位叫佩卡·佩乌拉（Pekka Peura）的高中数学与物理老师，自称“教育黑客”，是芬兰推动个性化学习最有名的先锋教师。

关于个性化学习，他有一些基本理念：只要节奏适当，每个学生都能学习；以讲授为主的教学只适合少数学生，对大多数人来说，传统授课不是太慢就是太快，统一的讲授进度只满足了20%左右的学生，剩下80%左右的学生要么“吃不饱”，要么听不懂，课堂时间基本被浪费；当学生被要求反思、与他人讨论时，学习更有效；老师的工作是帮助学生识别他们的技能和学习方式；大多数传统的评估是毫无意义的，不能衡量学生的实际知识水平，相反，它们会对许多学生造成不适当的压力，降低他们的生活质量。

因此，佩卡在自己的教室里摒弃了传统的讲授方式，把学习的决定权交给学生，让学生按照自己的进度学习。

这一点，我们今天的学校很难做到，但在未来的学习中心呢？完全可以这么做。

我们还是先看看这位芬兰老师的具体做法是什么。

首先，学生充分利用各种学习资源，或独立，或自愿组成小组，学习新的内容。随后，他们通过老师精心设计的练习不断巩固、检验自己掌握新内容的程度，并根据老师提供的准则（rubric）为自己打分。这些练习有核心、中级、高级水平之分，为进入下一级，学生需要顺利通过“关卡”，“关卡”包括自我测试和自评。在此基础上，学生自行决定什么时候开始学习下一个主题的内容。

通过这种方式，快速学习者通过自主学习可以很快掌握新内容，而较慢的学习者可能只会通过第一道“关卡”，但他们在学习过程中会得到教师的一对一指导和来自同组的进度较快的同伴的帮助。

作为学习的引导者，佩卡会不断要求学生反思，反思自己是否需要更多的帮助，是否对一个学习主题有一个基本的把握，或是已经完全掌握了某一主题。这样，佩卡可以摸清班里每个学生在学习新内容过程中所产生的思维误区，并根据学生的优劣势进行有针对性的教学指导。

随着课程的持续，能力强的学生会不断主动进阶，“吃不饱”的现象不复存在。而“学困生”也会在教师和同学的帮助下掌握基本的内容，顺利进入下一阶段的学习。

通过这种方式，学生能够做到按照自己的速度和节奏学习。最终，学生会根据自己在各“关卡”的表现和学习进展情况，为自己在这门课的表现打分，该分数经过老师的认可后，会作为学生学习这门课的终评。

不管你是老师，还是家长，你想想这样做是否合理？

如果合理的话，你再想想，在你孩子身上可以这么做吗？

我怀疑，很多人会说不可以。

为什么不可以呢？

我们对学生的控制欲太强了。我们总觉得，他们是学生，我们是老师，归根结底，我们没有把学生当作学习的主人。

我们再看看，芬兰的这位老师是怎么做的。

为了真正让学生成为学习的主人，佩卡在以下三个方面进行了努力。

第一，减少对学生学习的控制，要相信学生的学习能力和学习欲望。老师可以设立学习目标和学习内容，但对于如何学、花多长时间学、学到什么程度，应由学生基于个人兴趣和动力自行决定，通过这种方式让学生获得学习的自主性。

第二，为学生提供学习路径（learning paths），让每个学生都有一个结构化的个性学习计划，让他们不会因为对某一个主题完全不感兴趣而放弃这个主题的学习，但学生可以决定自己学习的深度。

第三，让学生不断进行自评和反思，自评没有分数或排名，目的只有一个：让学生确认自己是否掌握了某一个主题或概念。通过自评，学生了解了自己的学习进度，只有当学生需要帮助时老师才介入。

我所说的这个案例，重点是什么？就是让学生成为学习的主人。

其实，这样的学校中国也有。从 2010 年开始，上海市实验学校就开始建设“特需课程”。它不同于一般意义上的研究型课程，而是由学生提出需求，学校为其量身打造课程。从最初每年只有 7 名学生选报这门“特需课程”，到后来超过 50% 的学生可以凭兴趣提出“特需”，教师为其“特备”个性化教学方案，学校为其“特供”学习环境和资源。

2019 年初，我到北大附中考察了探月学院。这是一所怎样的学校呢？创办人王熙乔是北大附中的一个高中毕业生，拿到国外名牌大学录取通知书以后，没有去读书，而是就在母校北大附中办了一个探月学院。他们的团队以20多岁的年轻人为主，已经拿到了5 000万元的资助。

我在他们办公室里看到他们用来激励自己的一句名言："人类文明的延续是教育和灾难的比赛。"也就是说，我们人类文明究竟能不能发展，能不能战胜各种各样的灾难，取决于我们的教育。这些年轻人有很强的使命感，他们的梦想是要培养有强烈热情、内心成熟的个体和积极行动的公民。他们做了很多不一样的课程设计。

所以，未来的学习中心，不会像今天的学校，它们会让学生成长为具备自我管理能力的学习者，数学或物理能力的提升只是学习的"副产品"，更重要的是，学生作为人的成长，具备了学习的内在动力和"当学习的主人"的意识。

未来学习中心的课程，不再像今天这样，彼此之间有这么多的"墙"

2016年11月29日，《中国教育报》有两个记者，一个叫刘博智，一个叫董鲁皖龙，他们发表了一篇名为"STEM来了，学科之间如何'拆墙'"的文章。

把STEM的兴起视为一场学科之间的"拆墙"运动。这是一个颇有意思的比喻。

我们可以结合这件事，遥想一下：未来学习中心的课程是什么？学生都在学什么？

STEM，一看就是外国人的词。这是四个英文单词首字母的合写：第一个是 Science，科学；第二个是 Technology，技术；第三个 Engineering，工程；第四个是 Mathematics，数学。

这个词，重点讲的是学生四个方面的教育：

一是科学素养，即运用科学知识，比如物理、化学、生物科学和地球空间科学，理解自然界并参与影响自然界的过程。

二是技术素养，即使用、管理、理解和评价技术的能力。

三是工程素养，即对技术工程设计与开发过程的理解。

四是数学素养，即学生发现、表达、解释和解决多种情境下的数学问题的能力。

没有哪一个概念是从天上掉下来的，是无缘无故的。

STEM 与西方 20 世纪五六十年代的“STS 教育”（科学、技术和社会教育）有一定的关联。

那时候，科学技术发展带来的社会问题，尤其是环境污染开始危害生物的生存空间，引起了有识之士的广泛关注。

究竟核能是否应该发展？

世界人口应怎样控制?

怎样避免战争和环境污染?

基于对这些问题的关注和思考，逐渐兴起了一个跨学科的新的研究领域：STS。

20 世纪六七十年代，美国一些著名的大学先后开展了专门的“科学、技术和社会研究计划”。如哈佛大学在 1964 年，康奈尔大学在 1969 年，斯坦福大学在 1971 年，麻省理工学院在 1979 年，都先后成立了科学、技术和社会的研究和教学机构。

我曾在苏州大学任教授一职，该大学在 20 世纪 80 年代也引进了 STS，并且根据 STS 的理念编写了全套中学物理教材。这套教材曾经风靡全国，也让苏州大学的中学物理教学在教育界很有影响力。

美国是最早明确提出 STEM 的国家，最初主要在高等教育领域，后来逐步延伸到基础教育领域。

1986 年，美国国家科学委员会（NSB）发表了《本科的科学、数学和工程教育》报告，这是美国 STEM 教育集成战略的里程碑。它首次明确提出了“科学、技术、工程和数学教育集成”的纲领性建议。

1996 年，美国国家科学基金会（NSF）再次对 10 年进展进行了回顾，同时明确把 STEM 的重点转移到中小学教育阶段，并开始用“SMET”作为“科学、数学、工程和技术”四门学科的缩写，后改为“STEM”。

2006 年 1 月 31 日，时任美国总统布什在国情咨文中公布了《美国竞争力计划》(*American Competitiveness Initiative*，*ACI*)，提出知识经济时代的教育目标之一是培养具有 STEM 素养的人才，并称其为全球竞争力的关键。

由此，美国在 STEM 教育方面不断加大投入，鼓励学生主修科学、技术、工程和数学，培养其科技理工素养。2008—2013 年，美国国家年度教师奖的 6 位获奖者中，有一半是 STEM 教师。

2009 年 1 月 11 日，美国国家科学委员会给美国时任总统奥巴马写了一封公开信，主题就是“改善所有美国学生的科学、技术、工程和数学教育”。信中明确指出：国家的经济繁荣和安全要求美国保持科学和技术的世界领先和指导地位。大学前的 STEM 教育是建立领导地位的基础，而且应当是国家最重要的任务之一。

2015 年，奥巴马拨款 29 亿美元建立 STEM 教育体系，包括教师培养、招聘和培训，学区建设，教育研究等。

2016 年 9 月 14 日，美国研究所与美国教育部联合发布了《教育中的创新愿景》，提出了六个愿景，力求在实践社区、活动设计、教育经验、学习空间、学习测量、社会文化环境等方面促进 STEM 教育的发展，以确保各年龄阶段以及各类型的学习者都能享有优质的 STEM 学习体验，解决 STEM 教育公平问题，进而保持美国的竞争力。

说到这里，我们可以思考，未来的学习中心，能够从中得到什么启发呢?

STEM 提出以来，内容也经历了不断的补充和完善。美国弗吉尼亚大学的学者认为应该将 STEM 变为 STEAM，STEAM 中的 A（Art），包括美术、音乐、语言、人文、形体艺术等，强调了 STEM 的艺术与人文属性，试图用人文素养弥补科学精神的短板。

近年来又有学者认为写作非常重要，在 STEAM 的基础上增加了反映读写能力的“R”（Reading and writing ability），使之成为一个超越了传统科学意义上的跨学科式整合的课程。

尽管对 STEM 有不同的理解，但是对以下两个基本特征，学界还是达成了共识。

第一，多学科整合。也就是说，从学习的内容来看，STEM 课程强调多学科的整合。这种整合按照美国马里兰大学的赫施巴赫教授的说法，主要有相关课程模式和广域课程模式，前者仍然有各个学科的概念，但是注重学科间的联系；后者则取消了学科间的界限。

第二，重视实践能力的培养。也就是说，从学习的方法来看，STEM 课程一般都以项目学习作为基本支撑，以开放性的真实问题作为导向，让学生围绕项目解决问题、完成任务。

一个典型的 STEM 课堂，往往在包含多门学科的复杂情境中强调学生的实践能力与问题解决能力。

未来的学习中心，很多课程也会如此。

这不是天方夜谭，最近几年，没有课程“围墙”的 STEAM，在中国也得到了前所未有的重视。

2015 年 9 月，教育部《关于“十三五”期间全面深入推进教育信息化工作的指导意见（征求意见稿）》中指出，“有条件的地区要积极探索新技术手段在教学过程中的日常应用，有效利用信息技术推进‘众创空间’建设，探索 STEAM 教育、创客教育等新教育模式，使学生具有较强的信息意识与创新意识”，这是 STEAM 第一次出现在我国教育政策的文本当中。

与此同时，STEM 课程也悄悄进入了各地的课堂。

有人担心，STEM 在中国也面临水土不服和中国化的问题。比如，STEM 教师严重短缺。

我认为，大可不必担心这个问题。即使在美国，师资配置仍然存在着严重的问题。当然，以分科课程为主的我国，问题更严峻。

但我相信，在大趋势面前，所有的问题都不是问题。

只要相信未来的学校会被学习中心所取代，未来的课程之“墙”会在学习中心被打破，这些问题都会迎刃而解。例如，新教育研究院就已经成立了新科学教育研究所，在对国外 STEAM 教学研究的基础上，将推出中国人自己的项目学习课程，并且在培训教师方面做出系统的跟进。

除此之外，新教育研究院还研制了其他许多课程，如新生命课程。该课程主要以《新生命教育》读本为载体。

这个读本，就体现了人与自我、人与他人、人与社会、人与自然的内在整合，课程内容涉及中小学的思想品德、政治、体育与健康、自然、科学、社会、历史等多学科的整合，涉及安全教育、心理健康、禁毒教育、环境教育、可持续发展教育等多个主题内容的整合，是一门多主题、跨学科的综合性课程。

未来，在学习中心可以看到，这样的课程随处可见。如未来的人文课程，可能就是融合了语文、历史、地理、哲学等学科的大人文。

这里的学科融合的思路，如果通俗、简单地说，就是大人文、大科学。

学习内容的定制化

为什么说未来学习中心的课程是以定制化为主要特征?我个人认为有以下几个方面的原因。

第一，传统的把一个人的人生分为学习与工作两个截然不同、泾渭分明的阶段的时代，将不复存在。过去学校教育是为职业生活做准备的，一个人一生的职业也是从一而终、很少转换的。现在发达国家平均一个人一生会从事 10 种左右的职业。要想在学校学习期间储备好未来需要的所有知识，无疑是天方夜谭。终身学习将成为未来社会的一个基本特征。在终身学习的社会，一个人没有必要预先储备许多一辈子派不上用处的知识，而是在具备初级知识的基础上自己去探求知识，自己去建构自己的知识体系。

第二，传统的学习以被动式学习为主，学习内容、学习时间、学习方式都是统一规定好的、预设的，学生消极被动地接受大量他们不感兴趣的课程。在一个教室里不同的学生在同步学习过于艰深或者简单的内容，有些人根本听不懂，有些人早已经很了解。而主动式的学习则完全不一样。如今，一个 5 岁的小孩已经可以开始主动学习的历程。跟他讲他不感兴趣的东西，他毫无听下去的耐心，但是他却可以乐此不疲地在手机上用语音寻找他喜欢的各种知识。

第三，每个人都是一个独特的世界。传统的教育是用统一的课程、统一的内容、统一的考试，把本来各不相同、具有无限可能性的人培养成“单向度的人”。教育自然要有基本的要求，需要培养共同的价值观，但是教育不能用同一个尺度去要求所有的人。要让每个人成为自己，首先就需要他按照自己的需求去学习，在学习的过程中寻找自己、发现自己、成就自己。所以，他需要到各种学习中心寻找适合自己的课程与学习伙伴，定制自己需要的学习内容，按照自己的节奏学习相关的课程。

现在统一的课程占据了 80%~90% 的份额，自然很难培养出具有个性的人才。未来统一的课程比列会大大降低，定制化和个性化的课程会逐步增加。学生在网络上寻找适合自己的老师，老师也可以在不同的学习中心招收学生。

日本学者矢仓久泰在《学历社会》一书中描述过学历社会的四个特征。

第一，教育的目的从“旨在获得职业与生活所必要的知识与技能”转变成“获得高地位的职业”。

第二，文凭是社会最重要的通行证，它既是人们提高自身社会地位的标志，又是求职、晋升的手段。

第三，考试作为选拔和获得文凭的主要手段，普遍存在于教育过程和升学过程中。

第四，成绩或分数在教育中占据主要位置，容易产生激烈的升学竞争，以及大量被迫为考试和升学而学习的厌学者。

对照这四个特点，我们的社会的确仍然属于这样的学历社会。

在一个学历主义、文凭至上的社会，所有的课程更多是获取文凭的工具，文凭才是打开这个世界之门的钥匙。

而在一个终身学习的社会里，你毕业于什么学校、拥有什么文凭将不再重要。重要的是，你究竟学习了什么，你究竟具有怎样的知识结构与独门绝活。与众不同,才能创新未来。所以，课程为王的时代终将到来。

为什么所有人都要学得这么难?

现在学生学习难度很大，这已经成为世界各国一个共同的问题。

为什么我们的学生必须学习如此难的知识？

一个重要的原因是参与课程大纲制定和教材编写的科学家过于强调自己学科体系的完整性、系统性，强调反映学科发展的历史与最新的科学研究成果，结果自然是不断做加法。

现在的学校课程体系差不多是100多年前的体系，那个时代的科学技术发展与今日不可同日而语。以自然科学为例，数学、物理、化学、生物四门学科其实已经远远不能够反映现代科学技术的全貌了。

究竟应该让学生学习哪些知识？是否需要每个学生都学习所有的科学内容？这些问题本身就值得研究。如果每个领域的科学家都在自觉或不自觉地把自己学科的知识尽可能多地放到中小学，也就会自觉或不自觉地增加学习的难度。

其实，科学方法、科学精神、科学思维远远比科学知识本身重要。

每个学生都有不同的兴趣爱好、不同的学习经历、不同的学科优势，用统一的要求，让所有的学生学得很难，反而会压抑学生学习的主动性和积极性。

正确的办法，应该是大幅降低课程的难度。对所有的学生来说，只要掌握最基础、最简单、最能够满足人们基本生活需要的知识，具有承担一个公民的基本义务的能力，就完全可以了。其他的内容则可以通过选修课程的方式，满足不同学生的个性需要。

对那些准备成为科学家的学生来说，可以选修难度系数更高的科学课程继续学习。对未来学习中心的绝大部分学生来说，学习的内容会更加丰富、更加精准、更加个性化。

对一个爱好文学的人来说，就不一定只是按照传统的文本学习古典文学、现代文学和当代文学，他可以专门学灯谜、研究楹联，也可以专门创作小说、制作电影，还可以写剧本、演戏剧，甚至可以专门研究某一种地方戏剧等。

另外一个重要的原因就是，现在的学校是以升学为主要目标的，现在的考试评价更是以鉴别与选拔为主要目标的。所有的指向都是学术性与区分度，考试太简单就不容易区分学生掌握知识的水平，所以，学习内容越来越多、越来越难，考试内容越来越深、越来越怪。

在我国的高中，差不多所有的学生都是按照清华大学、北京大学等名牌学校的要求来进行学习的，考不上名牌大学的学生就成为学习的失败者，成为陪读生。因为我们只有一个标准：能否考取名牌大学；只有一个评价指标：考取名牌大学与本科的比例。

在这样的目标驱动下，我们自然会层层加码，不断增加学习的难度。中国教育科学研究院的一项跨国比较研究表明，虽然我们的理科教材难度在全世界并不是最高的，但是我们的学校和老师因为考试的压力，在教学过程中层层加码，不断增加内容、提高难度，导致中国学生的课业负担非常重。

其实，对绝大多数学生来说，我们是没有必要学习那么艰深、困难的内容的。相反，应该大幅降低难度，减少指定性和强制性的学习内容，让学生有更多的自由选择空间，这才是未来学习中心的发展方向。

孔子“因材施教”的教育思想，为什么在未来教育中能够实现?

现在我们的教育有太多的强制性，从上什么学校到学什么内容，从何时上学到何时放假休学，学生和教师基本上是没有话语权的。

我认为，未来的教育，应该更多让人们自由地选择学习的时间、学习的地点、学习的内容、学习的方法，以及向谁学习。这是未来教育改革一个非常重要的方向。

如我们现在规定所有学生都必须早上 8 点上学，很多学生6点就要从家里出发去学校，这本身不符合人的作息特性。有的人是猫头鹰型，有的人是百灵鸟型，每个人个性不一样，习惯不一样，为什么硬要在同一个时间让人去做同样的事情呢？

现在的教育政策是限制择校的。教育行政部门规定只能够就近入学，有些地方还搞起了“多校划片”入学。

其实，这只是优质教育资源短缺情况下一个无奈的办法。真正理想的教育是不应该限制选择的。因为选择是人的自由，选择是竞争的方法，有竞争才能有进步。

我们现在教育所做的很多工作，尤其是政府很多政策的出发点，都是在限制选择。这在本质上是不符合教育规律的，限制选择会影响质量的提升。品质是在竞争中才能提升的，选择才能引起竞争，竞争才能提升品质，这是一个良性的循环。

未来，我们的教育资源配置是在全球进行的，是超越了各个国家、各个地区、各种机构、各种媒介，打破了时间和空间的限制而进行的。所以，未来的教育一定充满了选择的可能性，让所有人都能选择最适合自己的教育，这是一个方向。

在保证基本品质的前提下，把选择的自由还给消费者，还给学习者，是未来教育变革的趋势。因此，在未来的学习中心，孔子提出的“因材施教”才能够真正成为可能。

第六章

学习中心，怎么学?

前面一章，我跟大家讨论了“学习中心，学什么?”

这一章，我接着跟各位讨论“学习中心，怎么学?”

答案很简单，无非就是线上线下相结合，个人与团队相结合，时间和空间被打破。

以前，我一直觉得，几句话就能说完的事情，还有必要展开说吗?

跟一些朋友，特别是教育界之外的朋友交流之后，我觉得很有必要，因为很多人不理解，为什么要这样学，这样学到底有什么好处。

▶▶▶

▶▶▶

所以，我把这一章的内容分成三节。

第一节，我先跟大家讨论一个问题，学习到底应该以什么为中心？我的意见是，以学生为中心。

你可能会觉得，这不是废话吗?

真的不是废话，我们现在的教育，很多时候就不是以学生为中心，而是以知识为中心，大家看重的是文凭所代表的学历，而不是学习经历，更不是学习能力。

以学生为中心, 就应该采取以学定教的个性化学习, 可是, 听起来这么浅显的道理，为什么在实践中没有落实呢?

这就是第二节要讲的内容，我们目前的教学方式，存在哪些毛病。

最后，在第三节，我们言归正传，谈谈未来的学习中心，到底怎么学。

学习到底以什么为中心?

以学生为中心，不是以知识为中心

以学生为中心，是对以知识为中心的发展。

20 世纪五六十年代之前，教育是以知识为中心的。

世界范围内，从 20 世纪七八十年代开始，教育中对“素养”“能力”的关注日益成为主流，教育开始呼吁以学生为中心。到今天，虽然我们还没有真正做到，但是，从内心深处的观念来看，我们已经接受了。为什么会这样呢?

其根本原因，是过去以传授知识为主要目标的教育，在信息革命摧枯拉朽的攻势下束手无策，因此把原有的教育目标调整为学会学习、加强素养的新目标。这是信息时代促使的教育的改变，也是教育对信息时代的回答，是对以学生为中心的呼唤。

下面，我分两条线索，简要归纳一下，世界各国 30 年来对“以学生为中心”的理解与探索。

第一条线索是世界各国对“以学生为中心”的理解，这条线索比较冗长。第二条线索，就是世界各国对“以学生为中心”的探索。

我们先看第一条线索。

1979 年，罗马俱乐部发布了《学无止境》的报告，提出人类存在“维持性学习”和“革新性学习”两种类型。前者以知识的学习和积累为特征，后者则以学生的能力和习惯的养成为特征。

从此以后，世界各国普遍开始重新审视学习与教育的问题，关注学习力，比如核心素养、技能培养与习惯养成。

1996 年，国际 21 世纪教育委员会向联合国教科文组织提交了德洛尔报告《教育：财富蕴藏其中》，提出了学习的“四大支柱”问题，认为教育仅从数量上去满足那种无止境的“知识和技能”需求，既不可能也不合适。应围绕四种基本学习加以安排，它将成为每一个人一生中的四根“知识支柱”。

后来，又补充完善为“五大支柱”。

学会求知（learning to know），包括学会如何学习，提升专注力、记忆力和思考力。

学会做事（learning to do），包括职业技能、社会行为、团队合作、创新进取和冒险精神。

学会共处（learning to live together），包括认识自己和他人的能力、同理心和实现共同目标的能力。

学会发展（learning to be），包括促进自我实现、丰富人格特质、多样化表达能力和责任承诺。

学会改变（learning to change），包括接受改变、适应改变、积极改变和引导改变。

五大支柱，就是以五个“学会”命名的。

2005 年，欧盟发表了《终身学习核心素养：欧洲参考架构》，正式提出终身学习的“八大素养说”。八大核心素养分别为母语沟通，外语沟通，数学能力及基本科技能力，信息处理能力，学会如何学习，人际、跨文化与社会能力及公民能力，创业家精神，以及文化表达，同时提出贯穿于八大核心素养之中的共同能力，如批判性思维、创造力等。这里的共同能力就是学习力的另外一种表述。

之后，美国 21 世纪技能联盟、新加坡教育部、韩国教育部接连发表了几份报告，虽然名称不同、提法不同，如一方说“三层技能”，另一方说“六大素养”，但是方向都是一致的，都是对以知识为中心的纠偏。

2016 年，北京师范大学发布了一份报告，主题是“中国学生发展核心素养”，这份总体框架性质的报告，是受教育部委托研制的。

我们看看这份报告提出了什么。核心，就是培养“全面发展的人”。内容分为文化基础、自主发展、社会参与，综合表现为人文底蕴、科学精神、学会学习、健康生活、责任担当、实践创新等六大素养，具体细化为国家认同等 18 个基本要点。

说了这么多国家，这么多年的思考，概括起来，其实是想说一个问题：教育在信息时代下的新目标，是将“教育”一词中更多泛指传授知识技能的“教”，向更多实指学生成长的“学”转变。这是教育进入以人为本阶段的共同选择，也是世界教育改革的大势所趋。

接下来，详细阐述一下前文提过的第二条线索，世界各国“以学生为中心”的探索。我简单介绍一下对美国瑟谷学校的探索。

瑟谷学校，英文名字叫 Sudbury Valley School，到 2018 年已经有 50 年的历史了。

这所学校的建立，跟我们今天看到的一些民办学校的创立颇为相似——那些对传统学校学习方式不满意的父母，组织起来，进行教育自救，想按照自己的理念，办一所让自己的孩子感到快乐的学校。

瑟谷学校的筹建者，背景多种多样，有的来自学术界，有的来自商界，有的来自艺术界，各种各样的父母，各种各样对教育有热情的人聚集在一起，开办了这样一所学校。

大家身份不同，背景不同，但是基本的教育理念是一致的。比如说，他们相信儿童是这个世界上最勤奋、最高效的学习者，他们相信学习这件事主要靠学生自我激励的好奇心，而不是老师拿着教鞭“赶鸭子上架”。

这所学校刚创立的时候，就形成了一整套以学生为中心，而不是以知识为中心的教学理念。我在这里简单地介绍几条，比如说，自由是学校的核心，自由是学生的权利，是不能够被侵犯的；独立造就领袖，只有尊重学生的独立意识，给他们独立管理、独立行动的权利，他们才能成长得更好。诸如此类，在这里就不一一列举了。

国内有两本简体中文版的书，都是以瑟谷学校与众不同的教育理念为主题的，大家有兴趣可以看一看。

就像读《红楼梦》一样，每个人读完之后，所思所想都不尽相同。每个了解瑟谷学校的人，对这所学校的解读也不会一样。对我来说，我对瑟谷学校最感兴趣的，最在乎的，是它以学生为中心的教育理念。我一直关注这所学校，看它是怎么把以学生为中心的教育理念落实到实处，落实到细节的。

过去，总有人问我，朱老师，您说要以学生为中心，到底怎么做才算以学生为中心？

我们不妨看看瑟谷学校。所谓的以学生为中心，首先体现在管理上。这所学校相信学生，敢于将个人事务全部交给学生自主管理。

不像我们国内的学校，瑟谷学校的学生是混龄的，从小朋友到成年人都有。在这所学校，不管你年纪有多大，只要你一进入这所学校，你就要为自己负责任，你的未来由你自己去规划，你的个人事务都由你自己来决定，学校只给你提供相应的指引，学校里的教室、工作室、图书馆、设备，这些都是公共资源，全部归学生使用，你想怎么使用就怎么使用。教师也好，员工也好，他们就像餐馆的服务员，随时等待你去找他们。如果你不找他们，对不起，他们比国内的餐馆服务员还要克制，还要被动，他们不会去主动找你的。

大家可以想想，在我们的学校，这样做是不是天方夜谭？

但是，瑟谷学校做到了。因为，瑟谷学校不像传统的学校，它没有班级制度，没有班长，没有学习委员，更没有班主任，学生只是按照兴趣点，组成一个又一个兴趣小组。

瑟谷学校的学生，在共同的兴趣当中，自己去管理，自己去制订计划，然后考虑怎么实施。兴趣这个东西是变化多端的，今天有这个兴趣，明天有那个兴趣。早上突然冒出来说我有这个兴趣，中午就没有了，那怎么办？

没关系，怎么办都由学生自己决定。

个人管理就是你从生活到学习，凡是属于个人事务的，都由你自己来决定。你的兴趣转移了，不在这里了，你就可以离开这个兴趣小组，你们几个人都没有兴趣了，你们这个兴趣小组就可以马上解散。

不单是个人事务，连这所学校的大事，也是由学生参与管理的。刚开始，我看到这一点，觉得很惊讶，这怎么能叫以学生为中心？这跟以学生为中心有什么关系呢？后来想想，在他们的逻辑当中，这就是以学生为中心。

比如说，这所学校的校务会议，每个学生都有表决权，都有一票。这一票，和老师是一样的。

在这所学校里面，几乎所有的事务，从财务到人事，都由校务会议来决策。这种情况下，学生一人一票，就意味着学生变成了学校真正的主人。老师能不能够续聘，这件事在传统学校都由校长说了算，学生当然也有影响，但是这种影响是间接的。比如说一群学生集体反映哪个老师不好，哪个老师不适合再教书了。

在瑟谷学校，学生要对老师投票，大家投票的结果将决定一个老师的去留，决定一个老师能不能续聘，能不能接着当老师。

以学生为中心，而不是以知识为中心，还体现在瑟谷学校的学制上。

这所学校鼓励每一个学生做想做的事，你想在五年级的时候学数学，你就五年级的时候学数学，你想到高中的时候才学数学也可以。总的来说，你的学习时间表都是由你自己决定的，你的事情你自己做主。

这样一来，每一个学生都知道，什么事情对我来说是最重要的，什么事情是我最想做的。

看到这里，是不是会产生疑问：这样的学校培养出的学生会不会变得过于散漫，过于自由，最后不能融入社会？

这种担心是多余的。

有人对这所学校建校50年来的毕业生进行了跟踪调查，结果发现，这所学校的毕业生的管理才能要比许多学校优秀得多。管理人才是这所学校的毕业生的一大亮点。

我一直很遗憾，我个人迄今为止还没有到这所学校参观学习过。我不知道这所学校未来到底能走多远，这所学校在办学过程中，是不是还存在着一些我们不知道的问题。这些，我都希望有机会去实地参观调研，去发现、去思考。

但不管怎么样，我相信以学生为中心，要比以知识为中心更好。

我看到的资料说，瑟谷学校的毕业生就业情况很好，不管他们在什么工作岗位上工作，担任主管、修车工也好，做音乐家、艺术家也好，他们都非常独立，自我意识很清晰，人生目标很明确。

这一点，在逻辑上是成立的。我相信，以学生为中心，比起以知识为中心，更容易出现这样的结果。

学力重要，学历不重要

在未来的社会，学力将比学历更重要。学历只证明着过去，学力才意味着未来。如果我们不能够成为一个善于学习的人，我们将会被时代淘汰。

2015 年，世界教育创新峰会做过一次很有意思的调查，结果发现，在不久的未来，人们对学历和文凭的兴趣会大大降低，而能力的发展、同行的评价，尤其是个人的实践能力，将会变得更加重要（见图 6.1 和图 6.2）。

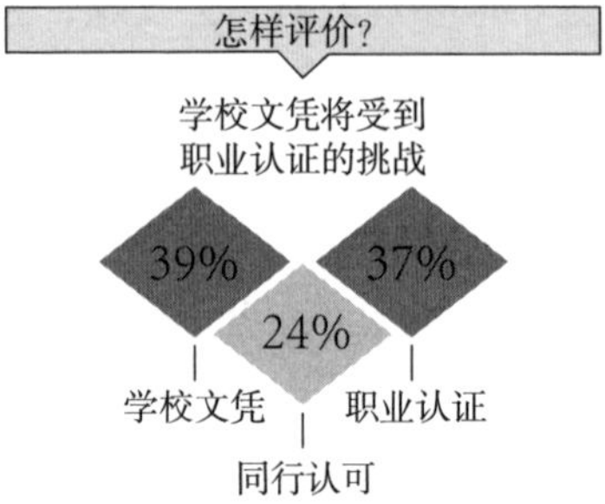

图 6.1 未来社会个人能力比学历与文凭更重要（1）

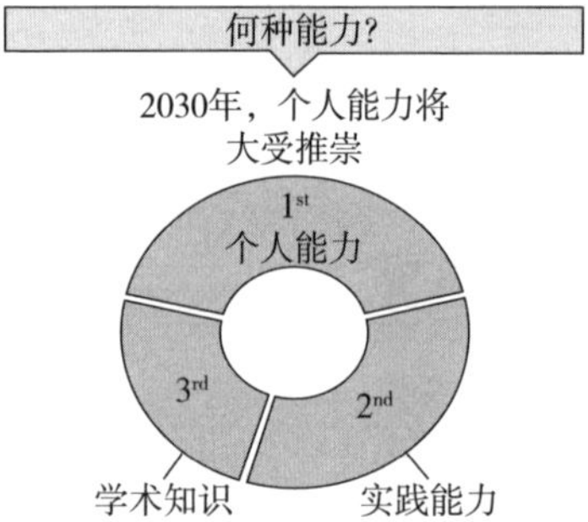

图 6.2 未来社会个人能力比学历与文凭更重要（2）

幸运的是，当下这个时代给我们提供了许多学习和能力成长的机会。无论是网络上的慕课学习，还是传统的阅读自学，甚至许多正规大学也开设了网络课程，学习之后可以积累学分……总而言之，一个真正有志于学习的人，肯定能够走出一条适合自己的学习之路，从而走上一条风景更美好的人生之路。

现在国家倡导“大众创业，万众创新”。但真正的创造、真正的创业创新，绝不是空穴来风，而是要广泛汲取前人的智慧，审时度势应对今天的挑战。

没有良好的学习，就不可能有真正的创造；没有丰沛的学力，就不可能有蓬勃的创造力。

以学定教的个性化学习

未来的学习中心，无疑会采取一种“以学定教”的个性化学习。

所谓以学定教，就是依据学生的具体情况（学情）来确定教学的起点、方法和策略。

这里的学情包括学生的知识、能力基础，学生的年段认知水准，学生课前的预习程度，学生对新知的情绪状态等学习主体的基本情况。

如何将学情数据化？现在可以借助人工智能技术，对学习记录进行有效的分析。当前的评价标准虽然只有考试的分数，但是分数相同的学生，其能力、方法、知识掌握水平其实是不一样的。好未来做过一个有意思的实验，发现有的学生平日的做题正确率很高，但考试时总是做不完。通过对课堂记录进行分析，发现他是每完成一道题就检查一道，所以每次考试都做不完。帮助其调整方法后，这个学生的成绩一下子就提高了。所以，分数相同的学生，其真实能力可能是大不相同的。

而“定教”，就是确定教学的起点不过低或过高，在恰当的起点上选择最合适的教学内容，最优化的教学方法，让每一位学生达到最大可能的发展。

可见，以学定教其实就是一种个性化教育。其实，以学定教，也可以说是以教助学，是以学生的学习为中心的教学。

21 世纪以来，个性化教育与个性化学习已经成为世界范围内一种强劲的教育思潮。2006 年，经济合作与发展组织发表了《面向明日之学校教育：使教育个性化》的报告，将个性化教育作为应对变革时代的重要教育议程，认为“一刀切”的学校知识和组织安排既不适合个人需要，也和知识社会的发展格格不入。

2010 年，我国颁布的《国家中长期教育改革和发展规划纲要（2010—2020 年）》也明确提出，要“关注学生不同特点和个性差异，发展每一个学生的优势潜能”，为每个学生提供“适合的教育”。

这么做的好处，不是我们凭感觉、拍脑袋得出来的结论。2013 年，美国非营利性研究机构兰德公司（RAND）在比尔·盖茨及梅琳达·盖茨基金会的委托与资助下，对个性化学习进行了迄今为止最大规模的研究，并于 2015 年发布了研究结论，证实了这个结论。

这份报告通过对全美 62 所 K–12（美国基础教育的统称）学校、近万名学生的研究发现，在实施个性化教育的学校，学生平均阅读与数学能力显著提升，且平均提升程度显著高于没有实施个性化教育的学校的学生。很多起始表现低于国家平均水平的学生，经过两年的个性化学习，阅读和数学能力都超过了国家平均水平，且比同龄人表现出更大的进步，尤其是在数学方面。

近年来，个性化教育与个性化学习的梦想在以物联网、云计算等技术的成熟为基础的大数据时代有了得以实现的可能。在大数据时代，教育过程中的一切行为都可以转化为教育大数据，通过对教育大数据的采集、处理和分析，可以构建学习者学习行为相关模型，分析学习者已有学习行为，并对学习者的未来学习趋势进行科学预测，为学生的自我学习监控、教师的教学决策和教育机构的教育决策提供更精细化的服务。

改变大班学习的毛病

从学校规模来说，我们的学校都是大规模，五六千人，甚至万人以上的学校比比皆是。我们的行政管理部门，甚至我们的校长教师，还美其名曰“规模出效率”。

我们知道，这种思维是现代学校制度基因中带来的毛病。最早的西方义务教育制度，就是伴随着工业革命规模化生产的要求而出现的，它强调的是效率，强调的是规模，要用最少的投入去实现教育效率的最大化，自然对个性化重视不够。我一直主张，不应该办大规模学校，因为大规模学校是把人作为机器来进行程序化管理及教育的。

前些年我到俄罗斯考察的时候发现，俄罗斯的学校，从幼儿园到高中，平均规模只有600人左右。校长、老师、学生彼此宛如家人，学校气氛宽松而亲密。学生在家门口上学，无须择校，无须乘坐校车。

2016年我考察位于美国硅谷地区的ALTschool，从幼儿园到初中，在一栋楼里上课，学校规模大约150人，据说

ALTschool 体系的其他学校，平均也只有 200 人左右。我认为只有小规模才能实现人性化，大规模是无法实现人性化的。

改变统一课程的毛病

适合的教育就是最好的教育。

多样化应该是未来教育一个非常重要的特征。现在的学校千人一面，统一的标准，统一的考试，统一的课程，统一的评价，统一的服装，统一的教材，把本来千姿百态的教育变成了一个色彩，把本来具有无限发展可能的学生变成了“单向度的人”。

特色就是卓越。能不能把每一所学校办出特色？能不能把每一间教室都办得与众不同？能不能使每个孩子的个性充分张扬？能不能不以分数高低论英雄？能不能让每个学生自己选择一些他最需要的课程？这是每个教育工作者需要认真思考的问题。

今后，我们现在的所有学校，都应该变成各具特色的学习中心。学生可以今天在这个学习中心学习这门课程，明天到另一个学习中心去学习另一门课程，所有学习中心都是充满个性的，有着自己的私房“绝活”。

许多地方现在搞“多校划片”，让许多买了学区房的人叫苦不迭。那么，在同一个大学区里，有没有可能把其中的每一所学校（学习中心）办得更有特色？这所学校（学习中心）的这门课程特别棒，那所学校（学习中心）的那门课程特别棒，这样学生可以今天在这里学习这门课程，明天到那里学习另一门课程。学生的文凭也不再是某个学校的文凭，而是整个学区的文凭。

改变统一难度的毛病

从学业标准来看，现在我们国家的学业标准（学科学习标准）定得太高，我们的学校对学生的学业要求太高了。学生的学习内容太深、太难，广度不够而深度有余，生活常识不够而学术知识有余。造成了学校中大部分学生都是失败者，大部分人是陪着少数人去读书的，学生在学校中没有成就感，在学校中被摧毁了自信心。

我一直主张，对大部分学生而言，学业标准的难度要大幅降低。因为大部分人是没有必要学得那么难的。有人会担心：降低难度以后，我们国家的竞争力从何而来？我们的科技发展从何而来？其实根本不用担心，因为按照正态分布曲线，总会有一些人对科学抱有崇敬的心理，总有一些学生有学术的追求，对于这样的人，我们给他定更高的标准、更高的学术要求就可以了，没有必要让大部分人都达到那样的标准，让大部分人成为他们的“陪读生”，成为教育的“失败者”。

现在教育领域很大的失误就是对所有人都提出了清华、北大的要求。所以，不妨把标准降下来，让大部分学生学那些对他们将来发展真正有用的课程，帮他们养成良好的行为习惯，形成良好的人格。一句话总结就是，让我们的教育更有人性的光辉。

改变统一进度的毛病

与统一课程、统一难度的毛病一样，统一进度也是传统学校的一个明显的缺陷。每个人的学习能力是不一样的，每个人学习不同学科、不同内容的特点与节奏也是不一样的。

统一进度完全不考虑学生的个性差异，不考虑学生的不同知识背景与学习基础，采取“一二三齐步走”的简单做法，结果造成已经远远走在课程前面的学生早已经掌握了学习内容，而远远落在后面的学生则不知所云，跟不上课程的步伐。对于所有的学生用同样的进度，显然也是不能够适应个性化的学习需要。

未来的学习方式有什么不同?

过去，我们经常问：

为什么要有一个班级，把个性不同、学习兴趣不同、发展水平不同的人放在一起学习？难道就是因为他们年龄一样大吗？

为什么要有一个学校？而且还要按照地段入学？我们的学生能不能到自己想去的学校学习？

这些问题，即使在当下似乎也是无解的。

但是，未来学习中心会改变这一切。不仅学习内容发生革命性的变化，学习方法（教学方法）也与现在完全不同。整齐划一的班级教学，正襟危坐的课堂讲授，将会退出历史舞台。

未来学习中心会打破传统的班级授课制与传统的课堂教学模式，会形成线上线下相结合、集体讲授与小组学习相结合、主动学习与认知外包相结合的新型学习方式，与今天的学习方式有许多差异。

突破时空限制的泛在学习

未来学习中心的一个重要标志，就是突破时空限制的“泛在学习”（U-Learning）将逐步取代传统的有固定时间、固定地点的学校学习。

泛在学习，顾名思义就是指无时不在、无处不在的学习，是一种任何人可以在任何地方、任何时间，用任何方式获取所需的任何信息的学习方式。也有人将之称为无缝学习、普适学习和无处不在的学习等。

泛在学习的目标，就是创造可以让学生随时随地、利用任何终端进行学习的教育环境，实现更有效的以学生为中心的教育。

在泛在学习环境中，学生根据各自的需要，在自由的时间、多样的空间，以多样的方式进行学习，把所有的环境都变成学习的空间。

学习时间弹性化与学习空间多元化

泛在学习有两个最显著的特征。

一是学习时间弹性化。学生不需要在固定的时间准时入学与上课，每天上学和放学的时间也是弹性安排的，一方面不同的学习中心可以自主安排学习时间，另一方面学习者也可以预约学习指导或者实验、交流的时间。

二是学习空间多元化。学生也不需要到固定的教室学习，可以到学校或者社区的图书馆学习，到科技馆、博物馆等地学习，到各种有特色的学习中心学习，还可以利用网络教育资源进行学习。

2017 年，成都七中在新生录取时就给学生发放了一个该校的“泛在学习”通知。通知提出，“为了更好地帮助新生做好初升高衔接，减轻家长和孩子的负担，成都七中将在暑期免费为高一新生定期推送学习资源，包括成都七中老师制作的各学科系列精品微课、各学科学法指导、成都七中文化宣传片等相关微视频。请家长自备终端，按下列说明下载、安装软件，指导孩子学习并做好入学准备”。

该校从 2013 年开始探索基于移动终端和数据实证分析的未来课堂、翻转课堂教学实践，实现了信息技术与课堂教学的深度融合，积累了丰富的教育资源，把泛在学习与课堂教学结合起来，是该校的一个特色。

学习游戏化

游戏是儿童天性。杜威说："游戏是儿童的精神态度的完整性和统一性的标志。"美国学者詹姆斯·约翰森等在《游戏、儿童发展与早期教育》一书中论述了游戏对于儿童成长的三个方面的重要作用：一是对儿童的认知发展具有积极意义，如想象游戏能够锻炼发散思维能力；二是能够使个人获得独特个性，因为游戏是一种表达个体品位和兴趣的方式；三是能够通过游戏与他人建立联系，也是获得自我意识和成为群体一员的手段。

其实，游戏也是人类的天性。从牙牙学语的婴儿，到白发苍苍的老人，玩游戏的经历贯穿我们的一生。小时候的过家家、捉迷藏、荡秋千、下军棋，青少年的篮球、足球、"密室逃脱"，成年人的象棋、围棋、"掼蛋"（一种扑克游戏）、桥牌、麻将，一直到适合不同年龄的各类网络游戏，让多少人乐此不疲、废寝忘食。

据统计，2016 年我国数字游戏用户规模达 5.66 亿人，有接近 3/4 的玩家在游戏内进行了付费，消费 1 500 元及以上的达到付费玩家的 26.1%，这就意味着，有超过 1 亿人每年在游戏上的付费超过了 1 500 元（中国音数协游戏工委，2016）。

来自美国的数据也发人深省。美国人从儿童时期到 21 岁时，平均阅读时长大概是 2 000~3 000 小时，但是他们玩数字游戏的时间大约是 10 000 小时。也就是说，这相当于他们从小学五年级到高中毕业期间,在课堂上花费时间的总量。同时,游戏时间是阅读时间的 5 倍左右。

在中国，网络游戏一直是争论的焦点。腾讯开发的《王者荣耀》就引发了一场“电子游戏与青少年成长”的大讨论。这款游戏已经拥有超过两亿的注册用户，其中中小学生占了很大比重。有报道称，有儿童盗刷父母信用卡 10 多万元打游戏，有中学生连续 40 小时打游戏诱发脑梗等。

电子游戏在儿童和青少年的成长中究竟扮演着怎样的角色？网络游戏和所有其他游戏对青少年学生的价值何在？它们到底是“荣耀”还是“毒药”？在未来社会，游戏究竟能否成为教育的重要内容和途径？这是一个无法回避的问题。

从世界各地的探索来看，游戏完全可以成为未来学习的一支生力军。尽管人们对网游或者数字游戏有着不同的看法，但是，对于游戏蕴含的追求自由与创造、勇于挑战与闯关、遵守规则与约定、享受愉悦与幸福等特有的功能是没有异议的，这就是游戏精神的本质。

自由与创造是游戏精神最重要的特点。有一位中学生游戏玩家把游戏视为一种“新型的故事讲述方式”。他在介绍自己玩游戏的体验时说，在书籍、影视这些传统的故事讲述方法中，观众更多时候是被动地接受故事而非主动参与。但是在游戏中，故事在玩家和场景、游戏角色的互动之间展开。虽然游戏剧本同样是事先固定好的，但做出抉择、决定故事走向的往往是玩家本人。“玩家不再像隔岸观火一样静静地看着故事在自己无能为力触及的地方开始和结束，而是成为创造故事进程的主体之一”。这种参与感是其他故事讲述方式提供不了的。也就是说，在游戏中需要充分发挥人的想象力和创造，这与未来社会对人的要求是一致的。

挑战的勇气也是游戏精神的基本特征。游戏之所以吸引人，一个重要原因就是它能够激发人战胜困难的勇气。越是有挑战，挑战的难度越大，就越能够激发勇者的斗志。匈牙利心理学家米哈里·希斯赞特米哈伊提出，游戏能够使人进入“心流”（flow）的状态，“当人们自愿尝试去完成某个困难而有价值的任务，且把个人的身体和心智发挥到极限时，那些最佳时刻常常会翩然而至”。这里说的“心流”，其实就是“精神高度集中，具备平衡匹配的高难挑战与高超技能，获得一种控制与满足之感”。

规则意识也是游戏精神不可或缺的。因为游戏往往伴随着竞赛，竞赛就要决胜负，决胜负就要有规则，遵守规则才能保证公平，这是游戏得以顺利进行的前提。所以，玩游戏首先必须遵守规则，这是对游戏参与者的基本要求。

过去，人们经常把游戏视为学习的敌人。因为总是担心游戏占用了学习的时间，殊不知游戏本身可以用来学习，"游戏化学习"或者"学习游戏化"已经成为国际教育的一个热门词汇。

《游戏改变教育》这本书就介绍了大量游戏化学习的案例。如基思·德福林研发的视频游戏《拯救小怪兽》，是一个学习数学的游戏，研究表明，只要每周玩三次，每次玩十分钟，坚持一个月，就可以非常显著地提高数学解题能力。

美国还有一款题为《美国任务》的历史教学游戏，该游戏邀请孩子们通过角色扮演，化身为生活在那些历史关键时刻的青少年，从而学习美国的历史。这款游戏的第一部《为了王冠还是殖民地》塑造了一个身赴美国革命战争时期的波士顿年轻人，他必须在冲突双方中选择一个阵营。游戏第二部《飞向自由》的主角是一位年轻女奴，她身处 1848 年肯塔基州的一家种植园，游戏进程中她必须逃亡到俄亥俄州去。这个游戏对学生掌握美国历史起了很大的作用。

游戏也可以用来帮助阅读。美国志愿者开发的《游戏：瓦尔登湖》，就是一款邀请人们阅读并思考《瓦尔登湖》的学习游戏。这个游戏没有不同关卡，只有阳光灿烂的白昼、星光闪耀的夜晚、泾渭分明的四季，以及一本记录着梭罗警句的日志。游戏中也没有武器,可以向朋友兼资助者爱默生借斧子，但斧子不能用来杀戮，只能用以劈柴。

此外，帮助阅读《傲慢与偏见》的游戏《遨游于偏见》，帮助阅读《尤利西斯》的游戏《在尤利西斯中》，帮助阅读《爱丽丝漫游仙境》的游戏《虚拟爱丽丝》等，也非常受师生的欢迎。这些游戏，让学习变得更为轻松有趣，也让学习的过程充满乐趣。

我国在游戏化学习方面也有许多成功的探索。如深圳宝安区天骄小学一年级，在“互联网＋游戏化”全课程“小蜗牛主题学习”中，孩子们跟着小蜗牛认识了动物世界的昆虫、植物；在小蜗牛的陪伴下闯关，除了识字、阅读，还在活动模式下开展音乐、美术、体育学习，一个个游戏将学习任务串联起来，学科知识相互融合，学习不再枯燥乏味，而是生动活泼、兴趣盎然。

学而思研发的 IPS（Intelligent Practice System，智能练习系统），通过可视化、游戏化方式，让学习更好玩儿。动画视频《礼花蛋》用轻松、幽默的小故事，让学生在轻松一刻的同时，还能记住各种理科小知识点。课堂独特的游戏化设计，激发了学生的“求胜”欲望，课前主动预习、课后积极提交作业，以便在课堂上登上排行榜。

所以，未来学习中心不会把游戏作为学习的敌人，而是尽可能把学习与游戏结合起来，尽可能使游戏成为学习的助推器。

当然，我们说游戏化学习将成为未来学习的一个重要方式，并不意味着未来的学习就能够完全像游戏一样。北京大学教育学院副院长尚俊杰博士认为，目前，游戏化学习面临三个方面的困难和障碍。

一是表层的困难和障碍。主要是教师无法拿出大量时间来组织游戏的进行、引导学生的反思和总结，学生不明白自己在游戏中到底担任什么角色，学生也缺乏正确的学习策略或方法，这是人的因素。

二是深层的困难和障碍。这体现在动机、行为与成效方面，游戏与学习追求的是不同的目标和境界，如游戏强调的是情感的沉浸，而学习追求的是理智的沉浸，两者时常会发生冲突。

三是游戏自身的困难和障碍。游戏具有自愿性和自由性，而学习化游戏进课堂后，成为正式课程的一部分，学生就无法自由选择，自愿与自由也就无从谈起。这是两者本质上的差异造成了困难与障碍。所以，游戏化学习仍然任重道远。

用虚拟现实技术，实现沉浸式学习

虚拟现实（Virtual Reality，简称 VR）技术，是指利用电脑模拟产生一个三度空间的虚拟世界，提供用户关于视觉、听觉、触觉等感官的模拟，让用户如同身临其境一般，可以及时、没有限制地观察三度空间内的事物。

虚拟现实技术集成了计算机图形技术、计算机仿真技术、传感器技术、显示技术等多种科学技术，具有多感知性（除一般计算机所具有的视觉感知外，还有听觉感知、触觉感知、运动感知，甚至还包括味觉感知、嗅觉感知等。理想的虚拟现实应该具有一切人所具有的感知功能）、存在感（用户感到作为主角存在于模拟环境中的真实程度。理想的模拟环境可以达到使用户难辨真假的程度）、交互性（用户对模拟环境内物体的可操作程度和从环境得到反馈的自然程度）和自主性（指虚拟环境中的物体依据现实世界物理运动定律运动的程度）。

虚拟现实技术在教育领域有着广泛的应用，如在医学院校，学生可在虚拟实验室中，进行“尸体”解剖和各种手术练习。使用这项技术，由于不再受标本、场地等因素的限制，所以培训费用会大大降低。

例如，导管插入动脉的模拟器，可以使学生反复实践导管插入动脉时的操作；眼睛手术模拟器，根据人眼的前眼结构创造出三维立体图像，并带有实时的触觉反馈，学生利用它可以观察模拟移去晶状体的全过程，并观察到眼睛前部结构的血管、虹膜和巩膜组织及角膜的透明度等。这些技术能够使学习过程如临其境，达到沉浸式学习（Immersive Learning）的效果。

项目制学习

项目制学习，英文叫 Project-Based Learning，有人把它简写成“PBL”。

项目制学习这个说法对教育界之外的朋友来说，可能会很新奇、很陌生。我们做教育的人知道，这个概念不是什么新奇的概念，实践中早已存在了。

项目制学习是和问题式学习相对而言的。问题式学习就是我们过去在中国课堂遇到的学习方式，老师先把一些问题拿出来，然后跟学生一起解决这个问题。在这个过程当中，帮助学生获得知识和技能。

项目式学习不一样。学校不教数学、物理、化学，不分生物、历史、地理这些学科，而是由老师带动学生寻找真实的、有意义的、连贯的项目中的问题，让学生围绕项目，深入了解相关知识内容，涉及数学的问题，用数学知识去解决，涉及化学的问题，用化学知识去思考。

我还是举个例子吧。

2018 年秋天，我在北京参加中国教育 30 人论坛举办的一个活动。活动的主题叫“未来学习之路”。在这个主题之下，美国 High Tech High 学校的创始人兼 CEO 拉里・罗森斯托克博士跟我进行了一场对话。

我的这位对话对象，这所美国特许学校的 CEO 拉里博士，就是项目式学习的典范。

拉里博士在创办这所学校之前，曾经是美国历史最悠久的一所高中的校长。美国政府曾给他一大笔资金，请他对美国高中的教育改造进行研究，希望他能够帮助美国设计一种新的城市高中的教育系统。他组织了一批实力专家考察了美国 40 多个州，希望能够找到一个理想的公立学校的模式。

寻找理想模式的过程中，他有一个奇遇。

在加利福尼亚州的圣迭戈，有一位著名的互联网领域的发明人过来找他。跟他说，他在互联网领域里面遇到的最大的挑战，就是没有足够的工程师，无法支撑企业的发展。这个发明人就跟拉里博士商量，说你能不能帮我们办个学校，解决我们的这个问题。这个发明人不是随便说说而已，说完之后，他就拉着拉里博士去他们的公司，参加他们的董事会，让他跟董事会讲，他要办一个什么样的学校。

拉里博士就说，他要办一个项目式学习的学校，以解决特定的项目需求为目标，在这个过程当中，去学习数理化，而不是先去学习数理化，再去解决实际生活当中的项目问题。

董事会听了以后，觉得他的想法很有意思，有可能会带来教育的突破，于是就给了他一块地，帮助他开办了这所学校，这就是 High Tech High 学校的由来。

就这样，拉里博士由一所美国历史名校的校长，变成了一所创新学校的校长。

拉里博士创办的这所学校用的就是项目式学习的方法。这个方法是这所学校的特色。

High Tech High 学校的网站上有一些项目式学习的例子，比如一个一年级学生所做的有关如何保持健康的项目，就涉及营养学、体育学以及科学。

我们今天的学校有一些课外实践活动，类似于拉里博士所说的项目式学习。如果抛开一个个具体的例子，抽象一点，你就会发现项目式学习其实是一个系统的思考方法。

举个例子，如果某个学生想做这件事情，你就可以拿出一个问题清单，比如说：学生对什么感兴趣？学生需要解决的问题是什么？需要哪些知识和技能？学生、老师和学校有哪些资源？还需要找到哪些资源？通过什么样的方式才能获得这些资源？解决这些问题需要多长时间？到底从什么时候开始？到什么时候结束？如此等等。

拉里博士说，他们就是围绕项目中一个又一个问题开展教学的。比如说河流，学校附近有一条河流，他就让一些学生把这条河流当作一个项目，围绕这条河流的历史、生态进行专门研究，最后还以此为题出版了一本书。这个学校历史不长，但是学生已经出版过好几百本书了。

这个学校确实太特殊了，它采用的项目式学习方法，颠覆了我们现有的教学体制，即使在美国这样的国家，也让人感到震惊。所以美国人给这所学校拍了一个很著名的纪录片《极有可能成功》。这个纪录片播出以后，在美国引起了广泛的反响，当然也有一些针对这所学校的批评。

对于这所学校的优劣，我在这里暂时不谈了，我想说的就是在未来的学习中心，项目式学习所占的比例会越来越大，甚至会成为主流。

合作探究性学习取代接受性学习

项目式学习，其实往往是通过合作探究性学习来实现的。

探究性学习，顾名思义，是一种以研究问题、解决问题为导向的学习方法。这是一种学生学习方式的革命性改变，因为传统的学生学习，主要是一种接受性学习，一般是从听教师讲授开始，从学科的概念、规律开始的学习方式，而探究性学习则是学生自己通过各种事实来发现概念和规律的方式。

检验接受性学习的效果主要是看学生掌握了多少，接受了多少，能否完整地复述和重现知识。而检验探究性学习的效果是看能否选择好的学习课题；能否有效地针对问题开展探究活动；能否通过假设、推理、分析，去找出解决问题的方向；然后通过观察、实验来收集事实，能否对获得的资料进行归纳、比较、统计分析，形成对问题的解释；能否有效地在探究中发现新的问题，对问题进行更深入的研究。

探究性学习是现代教学改革的趋势，因为它更符合科学发现与科学创造的规律，更能够发挥学习者自身的学习主动性、积极性，激发学习者的学习兴趣。

当然，由于难度也更大，往往需要合作者的参与，集思广益，共同探究。所以，合作探究性（也叫自主合作探究）的新型学习方式，越来越受到师生的欢迎。

认知外包，方法论的学习

混合学习与合作学习将成为未来学习中心的主要学习方式。

借助于智能设备而生存与发展的时代已经来到，人机结合的学习方式会发挥更大的作用，认知外包的现象会更加注重方法论的学习。

所谓混合学习，也就是说未来的学习主体是一个人机结合体。未来的学生将不是完全借助于自己的手和脑来进行学习，而是借助于外脑，借助于人工智能，借助于大数据，借助于计算机技术，所以认知外包的现象会成为一个很重要的特征。也就是说，很多过去需要用传统学习方式来解决的问题，如查找资料、整理归纳等，就可以委托机器来完成。

所谓合作学习，也是未来教育的一个重要特征，即基于项目式、主题式学习的过程，同时也是团队合作共同完成学习任务的过程。团队学习、合作学习，对提高学习效率、调动学习积极性、共同去探讨研究问题具有非常重要的作用，所以学习方式会发生很大的变化。

2016年，我考察了位于美国旧金山的密涅瓦大学，这所大学就是一所具有多样化价值的学校。学校的创办者宣传，它的出现就是“来颠覆哈佛的”。学校办在一个写字楼里面的第9层，整个大学没有校园，仅在旧金山市中心的一座大楼里设有学生宿舍和厨房，给每个学生配发一台电脑，主要采用线上教学方式。

2014年9月，密涅瓦大学首届来自14个国家的33名学生获准入学，录取率仅为2.5%，创下了美国本科学校录取率的历史最低纪录。录取时学校不看学生的SAT（美国学术能力评估测试）或者ACT（美国大学入学考试）等标准化测试成绩，第一年课程在旧金山完成，四门课程分别是理论分析、实证分析、综合系统分析和多元模式交流，主要是学习方法论，不学习具体学科内容。后面的3年，每学期由学生自由选择去一个城市学习，让学生自己去挑选学习的主题。

通过互联网指导学生

教育和互联网的结合，远远早于商业。

互联网给教育带来的变革是巨大的。在互联网模式下，学习不再只是呈现、接收、评价、反馈的过程，而是一种全新的认知过程。课程与教学需要更加关注进度设计、用户感受、社会参与等。互联网给教育带来了许多新的可能性。所以，互联网出现以后，利用网络改变教育的努力与投入，力度也远远大于商业。

但是，一直到今天，教育的变化也非常小，美国科罗拉多大学博尔得分校教育学院发布的《理解和改进全日制网上学校》报告表示，美国有 25 万名中小学生在全日制网上学校上学。美国各州网上学校总共提供 53.6 万门课程（每门课程都为一学期），有 180 万名中小学生至少选修一门网上课程。网上课程的增长也在一定程度上满足了不同群体和不同地区学生的教育需求，特别是满足了学生在家上学的需求。据统计，全美共有 240 万名学生在家上学。无疑，这也只占了全部学生人数的很少一部分。

利用网络学习会成为未来学习的一个重要的特征。图 6.3 是世界教育创新峰会组织在 2015 年做的一个调查。调查结果表明，在线内容将取代传统学校教学，成为人们接受教育的重要来源。

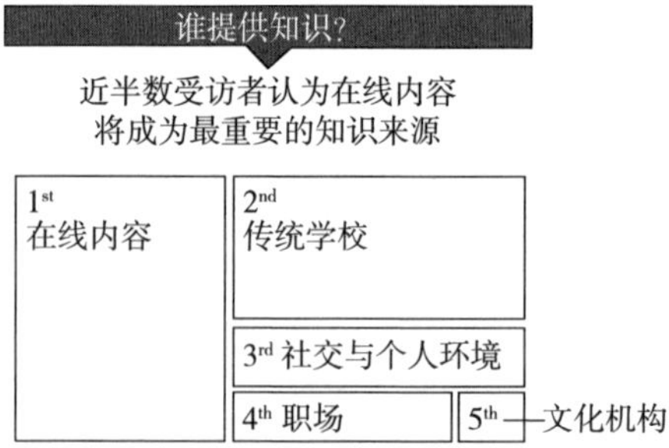

图 6.3 未来社会谁来提供知识？

我们一直提倡，要在我国国家开放大学的基础上，建立一个真正意义上的国家网络教育资源平台。这个平台应该采购全世界最好的学习资源，而不仅是中国最优秀的课程资源。这个平台上的教育资源由国家统一采购，免费为所有的学习者提供，同时也提供考试和评价等基本公共服务。各个学习中心可以研发自己独立的具有个性特征的课程，作为国家课程资源的重要补充。未来将形成一批各具特点的网络学习中心，通过互联网来指导学生学习。

目前，我们还没有类似于斯坦福网络高中那样的网络学校。在未来，不仅这样的网络学习中心会出现，而且更多的学习中心将采取线上与线下相结合的办法，帮助学生更便捷地学习。

大数据和人工智能实现精准学习

所谓大数据，不仅是指数据的数量之大，更主要是指通过对维度交错、来源多元、类型多样的大规模数据的深度挖掘与分析，寻求数据背后的逻辑关系，使人们可以脱离以往常依赖于小样本数据的推测或感性化的偏好性选择，转向基于理性证据的决策。

通过对教育大数据的采集、处理和分析，可以帮助学生发现并开发自己的学习潜力，提升学业表现。学生可以掌握学习的主动权，自主规划学习的计划，决定个性化的学习内容、路径与方法，随时监督自己的学习进度，检查学习的效果。教师也可以根据大数据全面掌握学生的学习行为与学习结果，有针对性地进行教学。

所谓人工智能，是指研究、开发用于模拟、延伸和扩展人的智能的理论、方法、技术及应用系统的一门新的科学技术。

人工智能早在 20 世纪 50 年代就有明确定义和应用探索，从图灵测试到专家系统、从图像识别到人机大战，人工智能在 20 世纪就已声名鹊起。但是，人工智能的再度辉煌却与大数据紧密相关。2012 年之后，“大数据”技术的推广和“Web2.0+ 物联网”带来的互联网数据激增，直接释放了深度神经元算法的巨大生产力。人工智能在机器学习、自然语言理解和视觉处理等方面高歌猛进，创造了许多新的传奇。

2017 年 7 月，国务院印发了《新一代人工智能发展规划》（简称《规划》），人工智能成为国家战略工程。《规划》提出，到 2020 年，人工智能总体技术和应用与世界先进水平同步，人工智能产业成为新的重要经济增长点……到 2025 年，人工智能基础理论实现重大突破，部分技术与应用达到世界领先水平……到 2030 年，人工智能理论、技术与应用总体达到世界领先水平，成为世界主要人工智能创新中心。

《规划》对人工智能教育也提出了一些具体的要求，如利用智能技术加快推动人才培养模式、教学方法改革，构建包含智能学习、交互式学习的新型教育体系。开展智能校园建设，推动人工智能在教学、管理、资源建设等全流程应用。开发立体综合教学场、基于大数据智能的在线学习教育平台。开发智能教育助理，建立智能、快速、全面的教育分析系统。建立以学习者为中心的教育环境，提供精准推送的教育服务，实现日常教育和终身教育定制化。

这个《规划》，为大数据和人工智能在教育领域的应用，也为未来学习中心描绘了一个美好的图景。

当然，大数据和人工智能运用在教育领域也有一些问题需要引起高度重视。

一是关于大数据背后的隐私与伦理问题。无论是小范围的班级和团队学习，还是大规模的在线学习，在教育大数据的分析与利用过程中，涉及众多的参与主体，从个人到各级各类学校、教育行政部门和各相关大数据企业等，如果对数据的归属权、使用权、发布权等缺乏明确的规定，就可能导致在以提供个性化服务为目的的海量数据采集分析过程中，存在大面积泄露数据隐私的风险。

二是关于只见数据不见人的问题。大数据和人工智能固然能够让教育与学习更加精准，但很容易陷入只见数据不见人，把活生生的人物化为简单的数据的误区。来自四川的俞献林老师就一直有这样的担忧。他表示，教育本是人与人之间双向的交流活动，但在翻转课堂的教学中，有一部分被“人与电脑”或“人与数据”替代了。这中间会不会出现问题?天天和一堆“不嗔不怒，不言不语”的数据为伴，久而久之，孩子们会不会变得理性有余而感性不足？数据的精准，会不会让我们的孩子变得精细、精明有余而不够大气？数据上的你来我往，会不会让人与人之间面对面真诚的交流减弱？这些问题，的确是我们在教育中应用大数据、人工智能时应该认真思考的问题。

学生从知识消费者变成知识创造者

未来学习中心的学生将从知识的消费者变为知识的创造者，研究型学习将成为学习的主要方式。

也就是说，未来学习的过程本身就是一个探索的过程。在学习的过程中，学生不仅可以验证已经发现的知识，也可以在学习过程中创造新的知识。研究型学习将会成为未来学习非常重要的学习方式。

第七章

学习中心，怎么评价学得好不好？

学习，永远离不开评价。

现在，你的孩子跟同事的孩子比，学得好还是学得差？大家都有一把尺子，那就是分数，就是考试。

可是，按照我对未来学习中心的畅想，有的朋友马上觉得问题来了。

朱老师，在你所说的未来学习中心，我作为父母，怎么评价我的孩子学得好不好？学得有多好？或者说，未来的学习中心还要评价孩子学习的好坏吗？

▶▶▶

▶▶▶

当然要评价。过去，我们对教学评价发牢骚，不是因为评价本身不好，而是评价的方法有问题。我们反感的是“唯分数是从”的单一标准。

未来的学习中心，可以建立学分银行制度，给每个学生建立学分账户，以此评价学习结果的好坏。

下面，我就跟大家详细谈谈我的理由。

当然，学分银行的观点是思路性的，而非图纸性的。在思考未来的时候，需要重点考虑思路背后的逻辑。

教育评价制度有哪些问题?

没有昨天和今天的问题，就没有明天的变革。

谈论学分银行之前，我们还是需要从中国到世界，从过去到现在，梳理一下教学评价的历史，弄明白我们是怎么走到今天这步田地的。

教育评价，作为学校与社会教育的重要环节与手段，具有检测、诊断、甄别、预测、导向等多种功能。

用我们教育学的行话来说，教育评价是根据一定的教育价值观或教育目标，运用可行的科学手段，通过系统收集信息、分析解释，对教育现象进行价值判断，从而为不断优化教育和教育决策提供依据的过程。

你是不是想问我，“可行的科学手段”是什么?

这个问题，正是我们所有的评价体系的症结所在。我们把“可行的科学手段”变成了单一的考分。大家都知道，教育评价并非由单一的“考试”来决定、来判断的。而事实上，多个学校呈现了“评价必考试，不考试无法评价”的局面，教育评价方式过于单一。

“考考考，教师的法宝；分分分，学生的命根。”我们到生活中看看，在中国，考试牵动了多少人的神经。“庆父不死，鲁难未已；考试不改，教育难兴。”如何构建一个科学合理的考试与评价体系，是一个我思考了很多年的问题。

这个问题，不仅是中国的问题，也是美国的问题，是世界各国的问题。

考试与评价问题，历来是世界各国教育改革与发展中必然遭遇的共同难题。如肇始于21世纪初的美国“反SAT运动”“反标准化考试”等，就是美国在教育改革与发展中所遇到的考试与评价难题的具体体现。可汗学院创始人萨尔曼·可汗在批评美国学校的考试评价制度时明确提出，这种考试根本没有达到有效评估学生潜力的目的，所做的只是“给孩子贴上标签，将他们分成不同等级”，限制了他们发展的潜力。

在我国，由于多种原因，形成了以考试为中心的教育体系。“考什么，学什么”“分数才是硬道理”成了许多学校教育工作的常态。

长期以来，我国的教育评价主要来自教育行政部门系统内部，教育行政部门既当“运动员”，又当“裁判员”。考试评价主体不明，其科学性、公正性自然大打折扣。我们的考试与评价技术，还停留在几十年前的水平上，与素质教育严重脱节，所以，教育评价“主体单一”“模式单一”“理论陈旧”“技术落后”“方法单一”“功能单一”“指标单一”等问题相当严重。

下面，我挑几个问题重点讲讲。

学校教育凸显“应试化”

由于教育考试评价的理论和技术的落后，在学校推进素质教育的过程中，造成了许多怪现象：学校教育即考试，什么都考，方法要考，能力要考，素质也要考。考“素质”，窄化为考“学科”；考“学科”，窄化为考“双基”（基础知识、基础技能）。

同时，提高“素质”，异化为提高“成绩”；提高“成绩”，简化为提高“分数”；提高“分数”，的确有“旁门”可走……因此，考试的公平性、导向性大打折扣。

日常生活中，与“应试教育”相关的培训补习广告随处可见，以“提分”“高分”为亮点。一个以学生与父母，乃至学校为核心买主的教育市场赫然屹立。

无论在大城市还是小城市，我们不难看到为数众多的父母，一面抱怨孩子负担太重，一面又忙不迭地把孩子塞进各种辅导班，考拼各级证书，生怕遗漏了什么，贻误了孩子终身。

在校园，优秀学生成了“学霸”“考霸”的代名词，一考定终身的唯分数论升学通道，逼仄又拥挤。

与之对应的是，学生的道德水平与身体健康遭受了严重损害。所以，素质教育的推进遭遇了“应试”的重重“围堵”。

达标考试时常“选拔化”

大家知道，达标性考试跟选拔性考试，无论在目的、功能还是技术上，都存在较大的差异。

选拔性考试的目的，是在参考人员中进行区分，是从人才选拔单位选拔人才的角度出发的，看看谁符合、谁不符合。

达标性考试呢？

达标性考试的目的，在于评估教育是否达到了既定的目标，发现教师教学过程存在的问题。

达标性考试的结果，要为未来的学习和教学提供重要的改进参考，为教育决策提供数据支撑。

所以，基础教育阶段的所有校内的大规模考试，都应属于学业水平达标检测，应按达标性考试的常规要求进行命题与质量分析。

遗憾的是，由于高考、中考的影响，初中、高中的学业水平考试都按选拔性考试要求去命题、评价，考试趋于“高考化”“甄别化”，选拔意味浓厚，所以中考和高考的导向性作用严重偏离新课改的预期目标。

现在的选拔性考试，包括高考在内，只以学生的学科成绩来“总结学生的过去”“评价学生的现在”“预测学生的未来”，方法原始而落后。在这样的考试导向下，日常教学极容易走向“囫囵吞枣、死记硬背”和“题海战术、生搬硬套”。这种选拔“学科成绩”而不是选拔“学生本身”的考试思想与技术，已经耽误了一代人的充分又美好的发展，必须抛弃。

选拔考试一考“终身化”

我国现行的选拔性考试都以一次的考试结果代替学生过去数年甚至十几年的发展过程，忽视考生的生理状态、心态、情感等非智力因素对考试结果的重要影响。

“一考定终身”毫无道理地提升了考试结果的重要性，而这种重要性则毫无意外地增加了考生的焦虑，而焦虑则导致考试结果偏离考生的真实水平，人才选拔无法实现理想的效果，从而使整个过程陷入了一种无法自拔的恶性循环之中。

我国教育评价制度的改革

问题摆在那里，大家都不是傻子，当然不会视而不见。

所以，我们可以看到，过去几十年，特别是最近20年，我国教育行政部门高度重视考试与评价制度的改革。

2002年，教育部发布了《关于积极推进中小学评价与考试制度改革的通知》，对考试与评价的宗旨、目的、内容、方法等做出了重新界定。

2010年，《国家中长期教育改革与发展规划纲要（2010—2020年）》也明确提出，要以考试招生制度改革为突破口，克服一考定终身的弊端，推进素质教育实施和创新人才培养。按照有利于科学选拔人才、促进学生健康发展、维护社会公平的原则，探索招生与考试相对分离的办法，政府宏观管理，专业机构组织实施，学校依法自主招生，学生多次选择，逐步形成分类考试、综合评价、多元录取的考试招生制度。

2013年，教育部颁发了《教育部关于推进中小学教育质量综合评价改革的意见》，明确提出要“建立健全中小学教育质量综合评价体系”。

2014年，上海、浙江启动了新高考改革的试点工作。

2018年，习近平总书记在全国教育大会上，明确提出要扭转不科学的教育评价导向，坚决克服唯分数、唯升学、唯文凭、唯论文、唯帽子的顽瘴痼疾，从根本上解决教育评价指挥棒问题。

2018年，包括北京在内的第二批试点省份要制定出台高考综合改革试点方案。

他山之石，可以借鉴

2020年，我国将全面实行新高考方案。

从试点的情况来看，虽然新高考的价值观是鼓励学生个性化、高校多元选拔，同时保证制度的公平性和科学性，但也出现了物理等难度大的科目选考人数滑坡等问题。

包括高考在内的考试与评价究竟应往何处去?

一个重要的思路，是借鉴世界先进国家的做法，发展独立于政府、招生机构之外的“第三方”考试与评价体系。

有两个国际评估项目的例子。一个是PISA，这是世界上最具影响力、涉及范围最广的三大国际学生评估项目之一，被誉为“教育界的世界杯”。另一个是NAEP，这是美国国内唯一的教育评价体系，并被誉为“国家教育进步评价”“国家教育成绩报告单”。它们的运作模式都是政府主导监管，专业机构即我们所说的社会第三方设计实施。

在美国，所有的考试与评价都是由第三方考试评估机构来组织和实施的，也形成了以 ETS（美国教育考试服务中心）为首的几大考试与评价巨头，为全美的大学入学考试以及各个州的学业评价提供产品及服务。其中 ETS 还承担了美国联邦政府委托的全国规模的教育质量评估工作。

分析美国当前这种评价机制，到目前为止，它至少产生了几个方面的社会效益：一是由于第三方的独立考试性质，不涉及招生利益双方之间的关系，考试的客观性、公平性、公正性得到了有效的保证；二是由于社会化性质，需要在竞争中求生存和发展，因此更加关注考试和评价产品及服务质量的不断提升，产品和服务的不断创新，考试与评价技术的不断完善，从而使该组织成了一个考试及评价技术不断创新的场所、专业人才集聚和培养的场所以及信息化技术研发的场所；三是一年多次的考试安排，成绩以最好的一次作为升学依据，克服了“一考定终身”的弊端，减轻了考生的焦虑感，使考试的误差大大减小，人才选拔结果更加可靠。

所以，我一直提倡国家大力扶持和发展社会第三方教育考试与评价机构，建立独立于政府和学校或政府和招生单位之外的专业学术机构。

第三方考试与评价体系的建立，无论是从克服我国现行考试与评价制度的弊端角度，还是从教育与科学技术创新的角度来看，都极具现实意义，应该成为我国考试与评价制度改革的一个重要方向。

当然，考试与评价的改革是一个技术性、政策性都非常强的系统工程。按照国际上的一般经验和研究，一套有效、可靠、可信的教育评价方式和方法，至少需要 5 年以上的研发与实验，由此可见教育评价技术研发的难度，并由此可知教育评价改革的难度。这就需要政府和教育行政部门有更大的耐心和政策支持，自觉地培养第三方的机构，让更多的民间考试与评价机构脱颖而出。

同时，更为重要的是，考试和评价的改革还要跳出传统的思维方式与技术模式，探索互联网时代新的学习中心构架下的新型考试与评价方式。这就是我接下来要说的“学分银行”制度。

为什么提倡“学分银行”制度?

不管你搞不搞教育，你都能很容易就感受到，全球教育变革、教育人本化、教育科学化与教育信息化浪潮汹涌而来。在这股势不可当的潮流面前，中国教育的方方面面肯定会受到冲击。

毫无悬念，一场基于教育技术与教育互联网的教育革命已经来临。在这样的技术革命背景下，学校教育会出现许多新的变化。比如说，未来的学生，完全能够做到一人一张课表，而且随时调节学习内容，他们大部分时间是在家里或者在学校的图书馆、学习室等地学习，通过网络学习、团队学习，学生自己可以解决学习过程中的大部分问题。这种情况下，网络可以通过大数据的方式自动记录他们的学习过程，以此作为评价的事实和数据依据。

另外，未来的学生可能不再需要教师为他们提供完整的知识结构，而是通过自主的学习来建构能满足自己需要的个性化知识结构。在这样的学习和建构中，课程、学分、学历、学校等不是最重要的，唯一重要的是“我学到了什么，我分享了什么，我建构了什么，我创造了什么”。

这样的革命性的变化和未来，是建立在以教育评价技术、大数据分析技术、教育科学系统为核心的教育技术体系上的。因此，教育技术将最大限度地改变教育生态，它以教育评价技术、资源技术、大数据技术、学习技术为核心，以信息技术为载体，实现教育科学化和教育效能最大化。

也因此，基于互联网的教育评价技术也将应运而生。一个融合了教育评价技术、资源技术、大数据技术、学习与教学技术，并融合了互联网交互和服务的教育技术云平台将会出现，这就是适应未来学习中心的“学分银行”制度。

为学生开“个人账户”

学分银行，是指面向未来学习中心的专门管理机构、授证机构、学习成果认证机构与组织体系，以及相应机构与组织体系赖以存在和运行的一整套标准、规范、规则和规定的综合系统。

简单地说，学分银行以学分为度量学习成果的单位，通过为各种学习成果赋予不同学分的方式建立流通工具，用学分的储存和兑换，使不同学习成果之间的等值转换成为可能。归根结底，跟大众熟知的银行机制没什么大的不同。

学分银行制度，就是模拟和借鉴银行的机理、功能和特点而设计的制度。这套制度，以学分为计量单位，实现各级各类学习成果的存储、认证、积累、转换。目的是利用信息化手段扩大优质教育资源共享的有效机制，搭建终身学习“立交桥”，促进教育公平。

学分银行模拟银行的组织架构体系，从“中央银行”到“地方银行”，从“地方银行”到“储蓄所”，最终到“个人账户”。

“中央银行”，是学分银行的直接领导机构，设有学分银行管理委员会、学分银行专家委员会、学分银行工作委员会，对学分银行的构建、运行和管理进行指导和决策。未来的学分银行的“中央银行”，可以是国家教育行政部门直接举办，也可以授权委托第三方机构举办。

“地方银行”，是指学分银行的各地方分部，是面向社会的学分银行业务受理处，负责不同区域学习中心与学习者的相关工作，如学分银行上海分部。未来的学分银行地方分行，可以是地方教育行政部门直接举办，也可以授权委托第三方机构举办。

“储蓄所”，泛指开设课程的机构，如各高校网点、各个中小学学习中心、各个教育培训机构、面向本校（学习中心）学生的学分银行业务受理处，负责本校（学习中心）学生的学分银行开户、学分认定审核和业务咨询等工作。未来，除开设课程的机构以外，所有开设课程并且经过认证的个人也可以成为“储蓄所”。

“个人账户”，指在学分银行或“储蓄所”进行开户、上课、学分认定、成果转换，并建立终身学分档案的学习者。

学分银行跨越教育五大鸿沟

未来学习中心，如果实施学分银行制度，可以有效调节政府、社会、学习者、用人单位和教育机构等相关方之间的关系，跨越目前教育中存在的鸿沟。

其一，跨越了各个教育阶段之间存在的鸿沟。学分银行使现有的学前教育、基础教育、高等教育、终身教育等各个阶段的教育相互贯通，从小学、中学、大学到老年大学等之间再也没有严格的、壁垒森严的学习阶段。

其二，跨越了学历教育和非学历教育之间存在的鸿沟。学分银行的联盟机构依据标准委员会发布的认证单元，与已有学习成果进行对比，形成单向转换规则，同时，也可以通过认证单元组合新的学习成果，形成学历教育与非学历教育学习成果之间或学历教育专业（课程）之间的双向转换规则，跨越了学历教育和非学历教育之间存在的鸿沟。

其三，跨越了公办教育和民办教育之间存在的鸿沟。学分银行通过学习成果互认联盟机制，使拥有颁证权的院校、事业单位、行业协会、企业以及教育机构等均可参加。实现了资源共享、优势互补，通过市场机制推动了不同性质的机构之间的学习成果互认和转换，跨越了公办教育和民办教育之间存在的鸿沟。

其四，跨越了国内教育和国外教育之间存在的鸿沟。学分银行通过吸纳国外知名高校、教育培训等机构的加入，融合国外高新科技创新内容、先进课程等学习资源，为国民学习和文化素养的提升，提供丰富的学习和教育资源，跨越了国内教育和国外教育之间存在的鸿沟。

其五，跨越了知识学习和能力培养之间存在的鸿沟。学分银行打通了知识学习与能力培养的整个过程。通过与企业合作，共同运作，将知识获取和能力培养同时进行，淡化学历文凭的重要性，更加注重个人知识能力的培养，即个人学习完企业制定的课程并取得良好学分，可直接到企业工作，从知识到实践，无缝衔接，大大减少了理论知识的学习时间，跨越了知识学习和能力培养之间存在的鸿沟。

学银在线为每个学生建立一份终身学习档案

2017 年，国家开放大学联合超星集团和新教育研究院发起了一个“学银在线”的研究项目，旨在推进一个基于互联网的学习中心的新型评价体系。

这是一个探索性的项目。但我们不妨看看这个项目，这对我们理解未来学习中心的学分银行制度会有一定的启发。

学银在线，是基于学分银行的机理，汇聚优质教育教学资源，构建一个全新的、开放的、多元的、融合的基于互联网的现代学习中心总部。

我认为，学银在线是一种新型的学习模式，探索的是面向终身学习服务的未来学习中心。我概括一下，大概有五个特点。

一是建立终身学习档案。

从注册到选课、学习，从学习成果存储到认证、积累、转换，最终到发证，这是一套完整的学习体系，也是一套完整的档案。学银在线通过一人一号，一号终身的原则，建立个人学习档案，实现终身学习过程记录。我们说过，在未来，文凭和证书或许不再那么重要，个人的学习历程才是最真实、最有效、最有价值的证书。

二是保障在线学习顺利进行。

学银在线的平台资源，可以建设成最丰富的、最权威的国家教育资源发布平台，它不仅包含国家开放大学课程、新教育研究院课程、超星课程，还包括众多联盟机构的优质教育教学资源。我认为，学银在线学习方式灵活、开放、多元，因为它打破了原有的模式，对学习者提供了选课、选学、选读等不同的学习模式，考虑到不同学习者的需要。

三是进行学习认证评价。

学银在线对证书进行双重认证。一重是对课程提供方的认证。由课程委员会对认证机构，也就是学分银行中“储蓄所”进行认证,机构再对个人进行认证。另一重是第三方认证。换句话说，就是对认证机构的再次认证，对“储蓄所”进行信用评级，组建最高课程委员会做评价体系。课程质量分为专家评级，选课频次按照“课程排名榜”做社会认证；委员会做课程体系，制定从小学到大学所有课程、证书的认证体系。

四是实现学分兑换与证书发放。

在学银在线学完即可兑换学分，不同“储蓄所”之间的学分可互相兑换，参加联盟的单位之间学分互认。学分达到要求，即可随时直接拿证书，不再有传统的学校、学期、学年概念，任何时候都可拿证书，而且证书类型不再仅仅以专业来划分，增加了以课程为单元的课程证书。

五是建立奖励机制。

学银在线平台还可以借鉴现在的头条号、淘宝等网络平台的管理经验，设立积分排行制，对热门证书、热门课程、最受欢迎教师、学习之星等，根据积分等级设置不同奖励。

从某种意义上，学银在线就像是按照学分银行机理搭建的一所泛在学校，有点儿像教育界的淘宝、教育界的银行。学分银行的探索，对成为“人人皆学、处处能学、时时可学”的未来学习中心是有意义的。

在《大学的终结：泛在大学与高等教育革命》一书中，作者凯文·凯里提供了自己的一个案例。一位来自硅谷的年轻企业家丹妮·金创办了一家叫作 Accredible 的公司。这是一个用于展示关于个人信息的工具，可以利用这个工具来创建“证明”（Certs）。只要上传相关的学习证据到“证明”里面，就相当于一种自创的数字徽章。Accredible 同时把关于你的账号与你的多种线上身份相关联，比如推特、脸书、领英和谷歌（相当于我们的微博、微信和百度等）等，以强化个人信息的证据。任何人都可以把自己的学习证据提交到 Accredible 上自己的账号里，如可以上传自己参加考试的视频来证实自己确实参加了考试，上传同行的评判等。

凯里就上传了自己在麻省理工学院学习生物学课程的“证据”。他把自己的课程证书放了上去，证书上有麻省理工学院的抬头，有任课教师的签名，还有证明证书真实性的麻省理工学院的网站链接。凯里还上传了自己所记的全部 63 页课程笔记，把自己每一次课后作业、期中考试以及期末考试的分数制作成一张图表放了上去，同时上传了课程大纲和课程表，9 个习题集等。他说，Accredible 上的这些东西是关于他的学问的“最可信和最可视的证据”。

其实，Accredible 只是我关于学分银行构想的一个组成部分而已。学银在线也只是刚刚开始的一次探索。在理论和技术上，学分银行应该是完全可以实现的。但是，这个宏大的愿景能否实现，还需要进一步观察，还需要官民结合、协同攻关。

第八章

学习中心，父母应该做什么？

毫无疑问，未来学习中心不仅是学生与教师的事情，与每个家庭、每位父母的关系也非常密切。

因为，父母本身就是儿童最初的世界，他们不仅是孩子的第一任老师，实际上也是孩子终身的老师、最长久的老师。而家庭不仅是人生最重要的场所，也是儿童最初的学校。儿童成长最关键、最迅速的时期，是在家庭中度过的。儿童的行为习惯、认知风格、个性品质，大多数也是在家庭中形成的。

更重要的是，家庭本身就有可能成为一个真正意义上的学习中心。未来，会出现形式多样的家庭式学校（homeschool），儿童在家学习，也会成为教育的一道风景线。

家庭会成为未来学习中心吗？

在人类教育的历史上，家庭从来没有缺席过。只不过，在不同的历史发展阶段，家庭在教育方面发挥着不同的作用而已。

家庭教育的过去：从“中心”走向边缘

人类家庭教育的历史，几乎跟人类自身的历史一样漫长。

自从家庭和私有制出现之后，在长达数千年的历史发展过程中，家庭都是人类最古老、最权威、最有效的教育场所，是儿童成长最安全、最温暖、最个性化的精神摇篮。我们甚至可以说，家庭，自古以来就是孩子的“学习中心”。

一直到有了所谓“学校”这种专门的教育机构之后，这种情况才发生了根本性的改变。一开始，是一部分权贵阶层的孩子进入为他们专门准备的学校；后来，是一部分家境殷实的孩子进入为他们专门准备的学校（如古代的私塾）；再后来，是所有人的孩子进入为他们准备的提供义务教育的学校。人类的教育就这样逐步托付给一个叫作“学校”的公共教育机构来承担。

现代学校教育制度用政府和工业化的双重力量，在基础知识的传授、基本技能的培养和集体规范的养成等方面，实现了传统家庭教育和社会教育所无法达到的效果，渐渐取代后者，成为教育的中心。

现代学校制度出现以后，家庭和社会仍然承担着若干教育的任务，但是由于越来越多的父母参与到生产活动中，他们有自己专门的职业活动，这在很大程度上导致他们开始“走出”家庭，逐步“淡出”教育的舞台。学校成为提供教育的主要渠道，承担起最重要的教育使命，也就顺理成章了。

与此同时，家庭开始自觉地、心甘情愿地把本来属于它的教育权全部拱手相让给学校。家庭的教育“领地”就这样一点点“失守”。人们甚至认为，教育就是学校的事情。

我在台湾地区曾经参加过忠信学校的一个祭孔开学典礼，其中就有一个仪式，是家庭中的父母把象征着教育权的权杖移交给学校里的教师。在现实生活中，我们也经常看到有些父母对老师说：孩子就交给你了，任你打任你骂，一切由老师做主！

王者归来：家庭再次成为“学习中心”

直到20世纪60年代前，家庭与学校的联系与合作都是比较少见的，只有在出现各种事件或变故时，如孩子在学校出现了严重的行为问题，或在家中显露出受到极度的课业压力时，彼此之间才会联系。

20世纪60年代开始，西方国家掀起了以教育机会平等为基本内容的平权运动。这个运动强调关注处于不利境地的儿童和家庭的教育机会。先是《科尔曼报告》发现家庭及其同伴的影响决定孩子学业成就，后是休厄尔等人研究发现父母参与和期望是儿童成长的重要中介变量。

这些研究让人们重新思考家庭与学校教育的关系问题，重新考量家庭在教育中的作用，家校合作问题也开始提到议事日程中，许多国家的政府先后出台了推进家校合作的政策，鼓励父母参与到孩子的教育中。

这一系列的研究成果，让人们重新发现了家庭教育的价值，发现了父母在教育中不可替代的作用。于是，20世纪美国和世界教育改革的一项重要内容，就是主张家校合作共育，父母参与学校教育，改变过去学校与家庭相互隔离的方式。

在这个背景下，父母参与教育已经成为学校的常态，部分父母成为学校决策层的重要成员，对于所在学校的教师聘任、课程设置、教材选用，乃至学校的资金预算等都有一定的发言权。父母还可以通过竞选学区教育委员会、学校校务委员会、父母咨询委员会或学校咨询委员会的成员来参与学校决策。

差不多就在同时，即 20 世纪五六十年代，美国一些虔诚的基督徒家庭，出于宗教信仰的原因，同时考虑到避免孩子在学校可能受吸毒、酗酒、暴力等不良风气的影响，自发组织了家庭式学校来教育自己的孩子。最初的家庭式学校便由此诞生。

进入 21 世纪以后，随着信息社会的高歌猛进，教育资源的唾手可得，职业工作本身的灵活化、弹性化，以及自主创业的多元化，基于工业化大生产的学校教育越来越显示出它内在的缺陷，不能够适应学习的终身化、人性化、个性化、生活化等方面的要求。与此同时，部分职业女性或者男性回到家庭培育孩子，一些家庭甚至创造了以教育孩子为中心的新型就业与创业模式。

在这样的背景下，家庭式学校再次受到关注，家庭和父母收回教育权利的呼声日益高涨，在家里接受教育的孩子的数量呈现逐年上升的趋势。目前在家里接受教育的学龄少年儿童已经超过200万，相当于每50名中小学生中就有一名在家学习。而且，家庭式学校的人数还在以每年10%左右的速度增长。

值得一提的是，家庭式学校的学生的学习成绩和公立学校的相比，不仅不落后，而且还要更好。前者的SAT成绩平均为1 083分，比美国平均成绩高出67分。绝大多数的美国大学都认可家庭式学校的成绩单，斯坦福大学对家庭式学校的学生录取率为27%，高出了他们平均录取率的一倍。

在中国，无论是大陆还是港台地区，也出现了不少这种家庭式学校。有人统计目前大陆的家庭式学校总数就超过了20万所。台湾地区还通过了专门的法律，承认家庭式学校的合法性。

按照这样的发展趋势，未来的家庭可能会出现一些新型的学习中心，一些有教育理想和情怀的父母，可能会为自己的孩子或者志同道合者的孩子举办学习中心，由自己或者聘请相关的专业人士从事教育教学。父母把曾经“让渡”出去的教育权，收回自己的手中。“我的孩子我做主”，家庭教育的“王者归来”之势已经初露端倪。

学习中心，父母如何参与？

当然，术业有专攻，未来有能力举办家庭学习中心（家庭式学校）的父母毕竟是少数。

大部分父母，还是要把孩子送到不同的学习中心去学习。但是，与传统学校教育相比，家庭学习中心表现出明显的不同，未来的父母不再对学校顶礼膜拜，不再相信学校的绝对权威，而会主动参与，积极投入，成为未来学习中心的发现者、创造者、管理者、参与者、施教者、学习者。

父母是未来学习中心的发现者

未来学习中心，是以学生为中心。但是，对于未成年的儿童，其尚不具备发掘自身特长、甄别学习中心特点的能力，父母的意见和建议，就起着极大的作用。

因此，父母首先是未来学习中心的发现者。根据学习中心的特色，结合孩子的身心特点，为孩子挑选出一些学习中心，再由孩子在其中进行自主选择。

此时的父母，就像营养学家，他们必须先为孩子发现各种食物的营养成分，再由孩子根据自己的口味去烹调。

父母是未来学习中心的创造者

在未来，当许多父母更彻底地回归教育之时，许多家庭将有可能成为新型的学习中心，不同的家庭通过教育资源的互换，帮助彼此的孩子学习。

现在中国就有一些这样的学校。我了解的一些华德福学校，不少就是由一群具有共同教育价值观的父母组成的。

在美国，家庭式学习现在已经成为一种比较普遍的现象。

父母通过创造学习中心，不仅使教育资源配置进一步分化，进一步推动教育公平，还可以达到“幼吾幼以及人之幼”的效果，让社会更和谐，世界更美好。

父母是未来学习中心的管理者

未来学习中心的举办者是多元主体，但是，无论什么形式的学习中心，都需要民主化的管理，需要父母的深度广泛参与。

未来学习中心的决策机构，将是由学习中心的举办者代表、教师代表、学生代表、父母代表、社区代表共同组成的家校合作委员会。

新型父母的角色不再类似于现代企业的监事会成员，而是成为真正能够投票表决的董事会董事。

有父母参与的家校合作委员会，可以参与学习中心的管理，监督学习中心的工作。具体来说，有以下几个方面的工作。

可以听取学习中心的发展规划、教育教学工作安排等方面的工作情况介绍，就学习中心发展中的重大问题进行研究，为学习中心的发展献计献策。

可以列席学习中心的校务、教务等会议。

可以主动为学习中心的公益建设和事业发展提供精神或物力上的帮助和支持，共同解决办学中的困难。

可以协助学习中心处理重大偶发事件。

可以参与对学生和教师的评价，配合学习中心开展各种评选、表彰活动。

可以联合家庭和社区的人力和资源，帮助和支持学习中心改进教育教学工作，参与和配合学习中心举行的重大教育教学活动。

可以对学习中心的安全和健康教育工作进行监督，与学习中心共同做好保障学生安全的工作，避免发生伤害事故。

可以促进社区教育，支持和帮助学习中心举行社会实践活动，为学习中心开展丰富多彩的社会实践活动创设条件。

可以成为家庭、学习中心和社区沟通的桥梁，及时了解和反馈学生在家庭和社会的表现，收集学生父母和社区群众对学习中心的意见和建议，加强彼此联系，增进了解和交流。

可以与学校和教师一起肯定和勉励学生的进步，解决和化解学生遇到的困难和烦恼，做好思想工作。

可以积极挖掘和发挥学生父母、社区群众和企事业单位的优势，为学习中心办实事、办好事，努力帮助学习中心解决办学过程中遇到的实际问题和困难。

父母是未来学习中心的参与者

参与也是一种管理方式。根据父母参与人数的多少和参与程度的高低，父母参与学习中心的管理有多种方式。除了担任学习中心的“董事”，参与未来学习中心的管理以外，还有不少父母成为志愿者。父母志愿者，既是父母参与学习中心管理的一种方式，也是共享家庭教育资源的重要形式。

在今天的新教育实验学校，各种形式的志愿者、义工团队非常多，如威海高新区新教育实验区的沈阳路小学实施“家长义工活动实施方案”以来，先后成立了“新父母安全护卫队”“新父母公益队”“新父母监督员”“家长义工流动岗”“新父母授课志愿团”等，每逢学校举行重大活动，总能看到父母义工忙碌的身影。他们既是重要的人力资源，更是最美丽的教育风景。

这样的风景，在未来学习中心同样可以看见，而且会更加普遍。

父母是未来学习中心的施教者

2019年初，194位博士父母为苏州工业园区翰林小学一年上了60多节博士课程的新闻轰动了全国。

翰林小学是我非常熟悉的一所小学。2014年新教育年会在苏州举行，翰林小学就是我们的一个参观现场。当时，该校校长就自豪地告诉我，他们学生的父母，许多就是高教园区的博士、硕士。目前的194人中，博士爸爸133人，博士妈妈61人。

“博士爸爸工作站”是翰林小学家庭教育的品牌项目，学校采用“请进来”和“走出去”的方式，充分发挥博士爸爸的示范、引领作用，在家庭和学校教育之间架起了独特的桥梁，让父教如影随形，引领儿童品格提升、健康成长。

仅仅2018年，“翰林爸爸来上课”的课程就达到了60余节，其中有“我们的科学素养”“新能源汽车”“丰富多彩的植物世界”“计算机网络安全科普”“有趣的化学”“从山峰形状到分形艺术”“微观世界的奥秘”“纳米是什么米”“电池的原理”“水是生命之源”“日本的汉字”“细胞中的小机器”等课程。

这些课程，结合博士爸爸自己拿手的专业，深入浅出，深受孩子们的欢迎。如一（2）班李安然的爸爸埃里克·阿米格（Eric Amigues）博士的“有趣的化学”课程，他先以“什么是化学”在小朋友中激起了热烈的讨论，然后又从生活中常见的现象引入到活动主角——肥皂。他向孩子们耐心细致地讲解了肥皂的工作原理，并现场演示肥皂的制作过程。当美丽的肥皂泡从瓶子里冒出来时，孩子们都惊叹不已！最后，他又借助颜料进行了神奇的魔术表演，生动展现了化学变化。一堂化学课，激起了孩子们对于科学现象的浓厚兴趣。

在许多新教育实验学校，新父母课堂邀请父母成为施教者，已经成为共享家庭教育资源最重要的形式之一。新父母课堂可以与学科融合，有不同学科兴趣特长的父母，可以成为老师的助教；可以与阅读结合，成为“故事爸爸”“故事妈妈”，亦即开展阅读活动的载体；可以让有特长的学生父母走上讲台，对孩子们进行知识的教学和传授相关的技能。这样的新父母课堂为父母展现自己的才华搭建了一个舞台，也为学校丰富特色课程资源提供了多样化的来源。

有人也许要说，翰林学校中国没有几所，我们学生的父母都是普通的老百姓，根本无法复制。

其实，对于大部分普通学校来说，固然不可能有那么多的博士父母，但是新教育实验家校合作共育的实践告诉我们：并非一般意义上的名人父母、精英父母才有必要进课堂，普通父母也完全可以进课堂。

例如，成都市武侯实验中学，是一个以失地农民和进城务工人员子弟为主要生源的涉农学校，他们有一个百家讲坛，经常在升旗仪式上，请来自各行各业的父母们给孩子们做演讲，以他们的人生故事激励孩子们。

有一所乡村的新教育实验学校，把当农民的爸爸请进了学校，请入了课堂。农民爸爸在课堂上讲述自己如何种地，不仅帮助孩子们了解种地的知识，而且使他们能够理解农民父母的不易。这位爸爸有了这次经历之后，增进了对教师、教学的理解，从那以后更加关注家庭教育，更加积极地投入家校共育。

在新教育学校，父母资源已经成为学校教育中不可或缺的宝贵来源，父母成为施教者已经是常态。

例如，贵阳云岩实验区贵阳市第十中学的父母，为学生免费开设了篆刻、扎染、合唱、电脑美术、橡皮章、书法、绘画等社团，还帮助学校成立了“学生长笛乐团”，由家委会管理。

再如，河南省滑县新教育实验区新城小学，把一至六年级每周一下午第一节课，作为父母授课的固定时间。每周以年级为单位提前统计上报课程内容与上课时间，优质资源还可以在级部甚至是全校范围内进行交流。讲课的内容和形式丰富多样，既满足了学生们的求知欲望，也让学生从中学会了感恩、分享、坚强、宽容、奉献……课程深受学生喜欢，大大提高了家校合作共育的实效性。

在未来的学习中心，父母将成为重要的课程资源，“父母成为施教者”这一理念更是人所共知的常识。

这一理念也可能发展成为一种新型的互助式教育，如前文提到的博士课程，对其进行一定的系统化组合，就可以形成互助式的新型学习中心，父母以各自的教育资源，帮助孩子们丰富学习的内容，开展项目式学习。

父母是未来学习中心的学习者

成长，中文的意思很明确，即长大、成熟，就是一个人自身不断变得更好、更强、更成熟的一个变化过程。从这个意义上来说，人的一生，就是一个不断学习、不断成长的过程。

长期以来，我们往往把成长看成一个阶段性的任务，把成长视为仅仅在学校里才能完成的任务。误以为一旦我们离开学校，就可以不再阅读、不再学习、不再成长了。

其实，这也是我们教育的最大失败，因为成长本身也是一种习惯、一种能力。生命不息，成长不止，才是一个人生命最美的姿态。

成长本来就应该是父母与孩子共同的事情，是父母与孩子必须共同面对的问题。因此，家庭教育、学校教育和社区教育，都不是简单地针对孩子，同时也是对父母、教师和社区人员的自我教育。

父母与孩子在成长的过程中完全是互动的关系。父母的成长会带动孩子的成长，孩子的成长也会促进父母的成长。优秀的父母更容易培养出优秀的孩子。反过来，学习如何科学培养孩子的过程，也会推动父母自身变得更加优秀。

成长还有一个共作效应，有一个生命的成长场。父母与孩子一起阅读、一起锻炼健身、一起郊游走进大自然、一起参观博物馆，不仅能够让孩子拓宽视野、增强体质，自己也会收获满满。

长期以来，学习变成了孩子们单方面的任务，父母们的任务则是监督和逼迫孩子学习。在未来，这种单向成长的格局会被彻底颠覆，父母与孩子一起成长将是未来学习中心的重要特征。

如前所述，由于未来学习中心没有严格的学习期限和年龄的限制，父母与孩子、爷爷奶奶与孙子孙女一起学习，将会成为一道新的学习景观。

父母是未来学习中心的学习者，首先是指父母要学会向孩子们学习。

蒙台梭利曾经说过："儿童是成人之父。"为什么这样说呢？真正的儿童的伟大，在于用一双没有遭受污染的眼睛看这个世界，在于用一个没有任何功利的大脑思考这个世界。儿童能够为成人提供新的观察视角。

父母自己虽然是从儿童成长而来，经历了孩子所经历过的一切，但是他们从成人的本能上会拒绝向孩子学习。而且，父母自己成长的经历往往是未经省察的经历，所以在这个意义上，儿童对父母来说仍然是陌生的。所以作为成年人的父母，应该经常在精神上重新回到童年，应该向儿童学习，永远保有一颗赤子之心。

我们这里讲的儿童，并不是指纯粹肉体上的儿童。有些孩子年龄尚幼，却已经不再用儿童的眼睛看这个世界。

父母是未来学习中心的学习者，同时也是指父母之间应该互相学习。

到学习中心学习是一种自愿的选择，并且是一种有着深刻认同需求的选择。因此，在同一个学习中心，或者学习同一种课程的父母，彼此之间都是天然的最佳学习伙伴。

父母和父母之间互相学习，既可以促进专业知识的丰富，也可以攻克教育孩子的难题，还可以促进感情上的交流、人际间的交往，是一种无私而高效的学习。

父母是未来学习中心的学习者，自然也包括父母在学习中心里的终身学习。

学习中心遍地开花的未来，也正是每个人进行终身学习、各班级混龄编班、父母和孩子成为同学的时代。

在未来，父母要学会与孩子一起成长，是因为社会化不仅是儿童的任务。成年人其实也面临着一个再社会化或者继续社会化的问题。新型的学习中心，给父母们提供了一个重要的学习机会和成长平台。

教育，不是简单地教育孩子，更是父母的自我教育。成长，不仅是孩子的事情，更是父母的事情。没有父母的学习，永远不可能有孩子的成长。“父母好好学习，孩子天天向上。”父母成为学习者，与孩子一起成长，才是教育最美丽的风景，才是父母最美好的人生姿态，更是未来学习中心最显著的特征。

第九章

学习中心，需要政府干什么？

在本书的最后一章，我要单独说说政府的角色问题。

之前我说过，未来学习中心的学习，会越来越自由，越来越个性化，越来越多元化。

于是，有朋友问我：朱老师，这种情况下，还需要政府吗？需要教育主管部门的管理吗？

我很奇怪，为什么会问这样的问题呢？

这个朋友自己也觉得突兀。我想，这个朋友之所以这么问，不是没有原因的，或许在他潜在的意识中，“自由”“个性”“多元”就等于不要政府，不要教育主管部门。

过去，我们周围的一部分媒体，一部分自由主义者，喜

▶▶▶

欢哈耶克之类思想家的观点，对“通往奴役之路”的政府干预，总有或多或少的担心。

我觉得，没有担心的必要。到今天为止，我们还没有看到哪个国家可以没有政府，哪个政府可以对教育不管不问。

坦率地说，未来的学习中心为什么需要政府的介入，这个问题，没有讨论的必要。

在不久的将来，未来学习中心会有“井喷式”的成长，各种形式的学习中心会如雨后春笋般快速发展。在学习中心体系建立之初相当长的一段时间内，会遭遇到前所未有的“混乱”与“迷茫”。这个时候，尤其非常需要政府的有效治理，更需要政府的审时度势。

所以，教育主管部门介入的必要性，我们不讨论。

我们在这里要讨论的，是未来的学习中心需要教育主管部门代表政府干什么。

要优化教育资源配置，推进教育公平吗?

当然。

要简政放权，激发地方和民间教育活力吗?

当然要。

要全面实施“管、办、评”分离，建立现代教育体制吗?

当然也要。

但是，这些宏观层次上的观点，我过去说过多次，就不在这里重复了，下面我想简单讲几个具体的事项。

制定国家教育标准，划定底线，降低学习难度

制定基本教育标准

政府要做的第一件事情，就是要建立内容难度适宜、体现国家意志的国家教育标准。

学习方式的变革，会对学习内容提出更高的要求。教育越是自由，越是定制化，越是个性化，就越是需要建设高效优质的学习中心，越是需要国家力量的整合。

教育是精选先进文化进行传授。教育首先要传授我们这个国家、我们这个民族所崇尚的价值观。国家有责任承担起这个选择，必须建立国家教育标准。

国家教育标准要科学，但也应该更个性化，有最低限度的要求。

现在，我们的课程标准和教育内容太深、太难，我们要求学生的知识结构太庞大、太艰深了，造成了大部分的学生是在陪着少部分的学生学习。

在未来，要打破这种模式，国家只需要给一个最基本的要求就可以了，关键是保证正确的价值观和基本的读写能力。

我们可以看到，教育领域的很多问题，首先就是因为我们的标准有问题。

从补短教育走向扬长教育

在国家教育标准制定的过程中，一个重要的方向就是降低整体学习难度，只有降低难度，未来学习中心的学习内容才有可能从补短教育走向扬长教育。

现在的教育很大程度上是补短的，用一个最高的标准要求所有的人，让每个人都学习得很痛苦，都觉得自己离标准有很大的距离，需要补短。这样一种补短教育，会不断用比你更强的人来压迫你、教训你，把你压得喘不过气来。

扬长教育则会让一个人不断地挖掘自己的潜能，让自己变得更有自信。

教育应该让人变得更幸福，更幸福的前提应该是更有学习自信。所以我建议，未来要大幅度降低学习内容的整体难度，尤其是数理化学习的难度。

有人很担心，问我：朱老师，降低学习难度会不会影响国民素质？

其实完全不必担心。

你看，美国学生的平均数学水平比中国学生差许多，但是尖端的数学家数量一点也不比我们少。

这样做，才能让大部分学生腾出最大的空间学习与他们的生活生命关系更加密切的知识与技能。

这样做，也才能让那些天才学生通过个性化学习，定制自己的课程，学习更多的东西。

这个道理一点都不复杂，降低了学习的难度，大部分学生就会有更多的选择性和用于自由发展的最大的空间，从而按照自己的志趣进行学习。

当裁判员，当采购员

认定合格的学习中心，采购培训机构的公共服务

未来社会将进入一个能者为师的时代，不同的学习中心将会如雨后春笋一般涌现，而在初期，良莠不齐、鱼龙混杂

也是必然会出现的现象。一方面，需要市场自身的检验，优胜劣汰；另一方面，也需要政府的认定检查，鉴别合格与不合格、优秀与卓越。政府应通过信息公开的方式，为公众选择学习中心提供资讯。

同时，各种民间的培训机构，将转变为相应的学习中心。政府在鉴别之后，对于合格的、优秀的学习中心（培训机构），就可以采取政府采购的方式购买服务，为公众提供更多的学习资源和更多的选择空间。

建立网络教育资源平台，采购全世界最优秀的课程资源

定了标准以后，提供什么样的教学资源就显得非常重要了。

应该举全国之力，把全世界最好的资源（包括国内外民间教育机构甚至个人开发的各种最优秀的资源）整合在国家的教育平台上。未来学习中心的资源配置，一定是在全球范围内进行的，一定是在分工基础上的跨国合作。

现在来看，教育资源配置存在两方面问题：一方面是教育资源投入不足，另一方面是存在大量的资源浪费。每个省、每个市、每个县、每个学校都去建自己的教育平台，都去建

自己的资源中心，都去开发自己的课件，都去找当地的名师录制课程，各级政府与教育行政部门重复性、无效性的投入太多。

同时，一些重要的网络教育机构，如科大讯飞、学堂在线、好未来等，也在开发相同的课程，那么多的投入，太浪费了。

由此，我想到了可汗学院。可汗学院始于孟加拉裔美国人可汗先生辅导他的表妹学习。2004 年，可汗 12 岁的表妹在一次数学考试中遭遇失败，于是向她的“数学天才”表哥求助。可汗通过聊天软件、互动写字板和电话，帮助表妹解决了数学的难题，有效地提高了她的数学成绩。没有想到从此一发不可收拾，许多亲朋好友的孩子前来求助。于是他把自己的数学辅导材料制作成视频，放到 YouTube（优兔）网站上。在好评如潮的情况下，他于 2006 年创办了可汗学院。

到 2012 年可汗出版《翻转课堂的可汗学院》时，他们每个月已经向 600 万学生提供教育，而且每年以 400% 的速度持续增长。教学视频的点击量 2012 年超过 1.4 亿次（2014 年已经达到 3.55 亿次，到现在为止的数字应该超过 10 亿）。可汗学院提供教学视频、练习习题和个性化的学习界面，让学习者能够在课堂内外按照自己的进度开展学习。学院的教学内容涉及数学、科学、计算机编程、历史、艺术史、经济学等，其中数学方面的内容涵盖了从幼儿园的基础知识到大学的微积分，并采用了先进的可识别学习强度和学习障碍的自适应技术。可汗学院还和美国国家航空航天局、纽约现代艺术博物馆、加利福尼亚州科学院和麻省理工学院等机构合作，提供特定的专业内容。

目前，可汗学院已经成长为拥有约 150 名员工的全球性教育机构。在可汗学院的网站上，我们可以看到这样的理念："我们能够学习任何知识。"他们的使命是为世界各地的人提供免费的、一流的、适用于各个年龄层的个性化学习资源。每天都有来自世界各地的数百万学生，按照自己的进度在可汗学院学习。俞敏洪就介绍过，他的儿子就是可汗学院的忠实学生。值得一提的是，可汗学院的内容资源已经被翻译成 30 多种语言。2017 年 8 月，可汗学院正式入驻优酷教育频道，并且上传了根据 K–12 人教版的数学教材制作的教学视频。

我一直希望我们能够有一个类似于可汗学院的国家教育资源平台。这就需要国家组织专业团队，用先进的网络技术把资源整合起来，使死资源变成活资源，把静态的课程变成动态的课程。全国，乃至全世界的学生都可以通过我国的教育资源平台学习。

提供基本的公共服务

提供考试与评价的基本的公共服务

我们现在的评价不是为了改进，而是为了贴标签，是为了选拔，为了淘汰。

这样的考试评价机制必须有变化。

未来的评价主要不是为了鉴别，而是为了改进。

在学习的早期过程，可以用大数据的概念，自动记录学生的学习过程，作为评价的依据。

在记录过程的同时，要发现这个学生的知识点缺陷，及时帮助他改进。同时，未来的考试评价会更加重视实际能力而淡化文凭学历。

未来的大学也可能出现全新的模式，可以不限制上大学的地点，也不管你在上什么大学，只要你能够通过严谨而且经过国际认证的评估，来证明你自己对某一理论的理解和精通，就可以进入社会找到工作。

如果是这样的话，教育会发生什么变化呢？

目前基于互联网的教育评价从技术上讲已经没有障碍，人脸识别技术、大数据、云计算等都可以最大限度提高考试评价的效度与信度，杜绝弄虚作假和作弊行为。

政府参与组建的新的学分银行体系，会对学习者的学习过程与结果进行全方位的评价，这是未来学习中心运行的前提。政府的重要工作就是对学分银行进行全面的监管，保障评价的科学性、公正性和有效性。

“管、办、评”分离

教育行政部门集管理权、办学权、评价权于一身，“管、办、评”一体化，使教育体制呆板单一、缺乏竞争、没有活力。

由于教育行政部门既是教练员，又是领队、裁判员、运动员，权力过大，垄断性太强，又缺乏相应的监督和评价，所以很多教育问题难以及时纠正。

这是我们过去的问题，也是今天依然存在的问题，这个问题的解决，当然不是写一篇论文、写一本书这么简单。

问题的存在，有着现实环境的合理性，没有环境的改变，喊改革是没有意义的。我想，未来学习中心会为我们呼唤已久的改革，提供良好的外部环境。

我们说，教育体制改革，首先要处理好政府、学校、市场三者之间的关系，具体有三种不同的模式。比如，欧洲比较重视学校、学术的力量，美国比较重视市场的力量，中国比较重视政府的力量，各有各的特点。

我们应该多借鉴一些欧美国家教育的经验，充分尊重学术和市场的力量，将教育体制改革的目标定位于建立一个充满活力、运作规范的教育秩序，形成一种服务型的教育行政部门和机构。尊重学校的办学自主权，保证学校依法自主办学，实行民主管理，由懂教育的教育家办学，让教育真正成为“一池活水”。

在未来，教育行政部门应该把公立学习中心的举办权交出去，交给各级政府，交给民间力量，会出现大量由社会教育机构乃至个人举办的中国特色的“学习中心”；同时把评价学习中心的权力交出去，交给第三方机构。这样，就真正实行了“管、办、评”分离，教育行政部门可以集中精力从事教育管理与服务。

未来学习中心原则上分为公办和民办（含混合所有制学校、股份制学校等）两种类型，前者为政府公共财政拨款，后者为民间资金投入。政府可以通过购买公共产品服务的方式支持民办学习中心，也可以通过托管的方式将公办学习中心交给民间管理。这样，教育行政部门不再有自己的“亲儿子”（直属学习中心）、“干儿子”（公办学习中心）和“野儿子”（民办学习中心）之分，而能一视同仁地进行管理。

在未来，对学习中心的管理将变过程管理为结果管理。改变现在教育行政部门对教育过程管理具体入微、过于琐碎的现状，建立起变过程管理为结果管理的新体制，将过程管理的权力交给学习中心的自治管理机构，如学习中心的学术委员会、家校合作委员会等。校长也要把相应的权力还给教师，让教师有更多的教学自主权。

在未来，全国统一的文凭颁发制度将正式取消。教育行政部门不再直接颁发毕业证书与学位证书，改由学习中心直接颁发自己的课程证书，对自己的办学质量负责，并且接受教育行政部门和社会的评估和监督。

尾声

未来从此刻开始

就在完成了《未来学校》的初稿后不久，我读到了《终身幼儿园》一书。这位名叫雷斯尼克的美国学者撰写的这本著作，让我又一次有了他乡遇故知的感觉。

作者在书中呼吁，要打破学科、年龄、空间、时间上的诸多壁垒，和我所设想的未来学习中心的部分构想，非常相似。

事实上，对未来教育的向往与勾勒，一国又一国、一代又一代的学者们，从来没有停止过。仅仅在本书写作的前后，我就读到了很多此类著作：《去学校化社会》《让学校重生》《混合式学习：用颠覆式创新推动教育革命》《翻转课堂的可汗学院：互联时代的教育革命》《大学的终结：泛在大学与高等教育革命》……

可是，我们不得不承认，未来的教育，只是一幅蓝图，在不断被描绘，不断被修订，却并没有真正成为一幢教育大厦，成为让理想栖居的现实。

有的学者认为，之所以会产生这样的结果，之所以教育停滞不前、学校固守传统，根本原因在于僵化的教育制度，在于教育没有发生结构性变革。因为教育工作者的思维模式在一代又一代沿袭，仍然是工业时代里的思维模式。受到这样的惯性思维模式影响，制定出的教育制度、所指导的教育行动，都仍然是传统的，自然无法适应新时代的需求，也就无法真正让未来到来。

《终身幼儿园》一书的作者为此在书中甚至写道："事实证明，教育制度顽固地抵制着变革……即使新技术已经进入学校，大多数学校的核心教育结构和战略基本还是没有改变，仍然停留在装配流水线的思维模式中，与工业社会的需求和发展过程保持一致。"

但是，我认为，制度作为推动群体工作的有效组织方法，固然是不可忽视的一个方面，但对每一个教育工作者而言，从个体上探索如何推进未来学习中心的建设，才是最细微也是最深入、最有效的重新定义教育之法。

从个体而言，教育的根本问题还是在于理论与实践之间的鸿沟。在世界范围内，我们都可以发现，能够把先进教育理论转化为实践，尤其是转化为一线教师的行动，将是一个格外艰难也非常漫长的过程。新教育实验正是在这样的全人类教育的困境中，以教师成长为起点，以“十大行动”为路径，在历时 19 年的探索中，以弥补理论和实践的鸿沟为目标，进行着持久而深入的努力。

我一直坚信，之所以会有未来，恰恰是因为我们现在行动上的创造。从这个意义而言，未来学校与其说是在未来存在的学校，不如说是我们现在要去努力筑造的学校。这才是我写作《未来学校》一书的真正目的所在。

所以，以描述未来学习中心来重新定义教育，归根结底并不是为了描绘一幅蓝图，而是为了梳理一条行动的路径。在行动的过程之中，任何蓝图都可以继续修订，可我们当下的行动，才是真正的未来。

我曾经呼吁中国应该设立“国家阅读节”，为了这个心愿，我每年呼吁，迄今已有 16 年。16 年中，许多人询问：如果中国一直没有设立“国家阅读节”，你会一直呼吁下去吗？我回答，是的，只是我呼吁的根本目标，其实并不是执著于一定要成立这个节日，而是希望全社会各个方面都能意识到阅读的重要性，从而更好地推动全民阅读。

同理，梳理出这样一条通往未来学习中心的路径，其实并非把愿景放到明天。我们只有把指向未来的美好心愿，倾注到当下的生活中，落实到点点滴滴的言行之中，才能创造无限美好的今天。如果今天的每一个人，在教育之中，都真正拥有着幸福完整的教育生活，那么就在当下，我们就已经拥有了无限美好的未来。

以未来照亮现实，是我们这一代教育人的使命。

我相信，教育在走向未来的过程中，经过一代又一代的创新，一人又一人的行动，新的美好万物，将会因此而来。

主要参考与引用文献

在写作本书的过程中，我阅读了大量的关于教育理论、学习科学、人工智能、互联网、游戏等领域的著作与论文。为了阅读的便利，书中没有一一标明原文出处，在此用“主要参考与引用文献”的方式说明，谨向所有图书与论文的作者表示诚挚的谢意。

图书部分

[1] 伊万·伊利奇.去学校化社会（汉英双语版）[M].吴康宁，译.北京：中国轻工业出版社，2017.

[2] 肯·罗宾逊，卢·阿罗尼.让学校重生 [M].李慧中，译.浙江：浙江人民出版社，2017.

[3] 迈克尔·霍恩，希瑟·斯泰克.混合式学习：用颠覆式创新推动教育革命 [M].聂风华，徐铁英，译.北京：机械工业出版社，2015.

[4] 萨尔曼·可汗.翻转课堂的可汗学院：互联时代的教育革命 [M].

刘婧，译 . 浙江：浙江人民出版社，2014.
[5] 凯文·凯里 . 大学的终结：泛在大学与高等教育革命 [M]. 朱志勇，韩倩，等译 . 北京：人民邮电出版社，2017.
[6] 阿兰·柯林斯，理查德·哈尔弗森 . 技术时代重新思考教育：数字革命与美国的学校教育 [M]. 陈家刚，程佳铭，译 . 上海：华东师范大学出版社，2013.
[7] 联合国教科文组织编 . 反思教育：向"全球共同利益"的理念转变？[M]. 联合国教科文组织总部中文科，译 . 北京：教育科学出版社，2017.
[8] 王作冰 . 人工智能时代的教育革命 [M]. 北京：北京联合出版公司，2017.
[9] 车品觉 . 数据的本质：无人不是分析师 [M]. 北京：北京联合出版公司，2017.
[10] 魏忠 . 教育正悄悄发生一场怎样的革命 [M]. 上海：华东师范大学出版社，2016.
[11] 于永昌，刘宇，王冠乔 . 大数据时代的教育 [M]. 北京：北京师范大学出版社，2015.
[12] 托尼·瓦格纳 . 教育大未来 [M]. 余燕，译 . 北京：南海出版社，2013.
[13] 朱永新，袁振国，马国川主编 . 人工智能与未来教育 [M]. 太原：山西教育出版社，2018.
[14] 泰德·丁特史密斯 . 未来的学校 [M]. 魏薇，译 . 浙江：浙江人民出版社，2018.

[15] 维克托·迈尔－舍恩伯格 . 大数据时代：生活、工作与思维的大变革 [M]. 周涛，译 . 浙江：浙江人民出版社，2012.

[16] 维克托·迈尔－舍恩伯格，肯尼思·库克耶 . 与大数据同行：学习和教育的未来 [M]. 赵中建，张燕南，译 . 上海：华东师范大学出版社，2015.

[17] 拉塞尔·L. 夫，丹尼尔·格林伯 . 翻转式学习：21 世纪学习的革命 [M]. 杨彩霞，译 . 北京：中国人民大学出版社，2014.

[18] 杰里米·里夫金 . 第三次工业革命：新经济模式如何改变世界 [M]. 张体伟，孙豫宁，译 . 北京：中信出版社，2012.

[19] 台湾《亲子天下》杂志编辑部 . 翻转教育：未来的学习、未来的学校、未来的孩子 [M]. 台北：天下杂志股份有限公司，2013.

[20] 阿曼达·里普利 . 世界上最聪明的孩子 [M]. 王少博，译 . 北京：中信出版集团，2015.

[21] 杨剑飞 . “互联网 + 教育”：新学习革命 [M]. 北京：知识产权出版社，2016.

[22] 路易斯·斯托尔，迪安·芬克 . 未来的学校：变革的目标与路径 [M]. 柳国辉，译 . 北京：北京大学出版社，2010.

[23] 王晨，刘男 . 互联网 + 教育：移动互联网时代的教育大变革 [M]. 北京：中国经济出版社，2015.

[24] 瓦莱丽·汉农，萨拉·吉林森，莉奥妮·香克斯 . 学以致用：世界教育趋势及令人振奋的实践 [M]. 瑞萨摄，刘海粟，译 . 北京：中国人民大学出版社，2016.

[25] 格雷厄姆·布朗－马丁 . 重新想象学习：互联社会的学习变革

[M]. 纽莎·塔瓦科利恩摄，徐晓红，译. 北京：中国人民大学出版社，2016.
[26] 格雷格·托波. 游戏改变教育：数字游戏如何让我们的孩子变聪明 [M]. 何威，诸萌萌，译. 上海：华东师范大学出版社，2017.
[27] 卡尔·罗杰斯，杰罗姆·弗赖伯格. 自由学习（第三版）[M]. 王烨晖，译. 北京：人民邮电出版社，2015.
[28] 吴军. 智能时代：大数据与智能革命重新定义未来 [M]. 北京：中信出版集团，2016.
[29] 乔根·兰德斯 .2052：未来四十年的中国与世界 [M]. 秦雪征，谭静，叶硕，译. 江苏：译林出版社，2013.
[30] 查理斯·里德比特. 可复制的教育创新：改变世界的重要力量 [M]. 罗曼·斯塔罗斯·斯塔罗普利摄影，李茂，译. 北京：中国人民大学出版社，2016.
[31] 汤姆·斯丹迪奇. 维多利亚时代的互联网 [M]. 多绥婷，译. 江西：江西人民出版社，2017.
[32] 托德·卡什丹. 好奇心 [M]. 谭秀敏，译. 浙江：浙江人民出版社，2014.
[33] 阿莱克斯·彭特兰. 智慧社会：大数据与社会物理学 [M]. 汪小帆，汪容，译. 浙江：浙江人民出版社，2015.
[34] 克莱顿·克里斯坦森，迈克尔·霍恩、柯蒂斯·约翰逊. 创新者的课堂：颠覆式创新如何改变教育 [M]. 李慧中，译. 北京：中国人民大学出版社，2015.

[35] 托尼·瓦格纳，泰德·丁特史密斯 . 为孩子重塑教育：更有可能成功的路 [M]. 魏薇，译 . 浙江：浙江人民出版社，2017.
[36] 尤瓦尔·赫拉利 . 未来简史：从智人到智神 [M]. 林俊宏，译 . 北京：中信出版社，2017.
[37] 丹尼尔·平克 . 全新思维：决胜未来的 6 大能力 [M]. 高芳，译 . 浙江：浙江人民出版社，2013.
[38] 戴维·珀金斯 . 为未知而教，为未来而学：什么才是有价值的学习 [M]. 杨彦捷，译 . 浙江：浙江人民出版社，2015.
[39] 安索尼·克龙曼 . 教育的终结：大学何以放弃了对人生意义的追求 [M]. 诸惠芳，译 . 北京：北京大学出版社，2013.
[40] 陈建翔，王松涛 . 新教育：为学习服务 [M]. 北京：教育科学出版社，2002.
[41] 肯·罗宾逊，卢·阿罗尼卡 . 让天赋自由：用激情改变你的世界 [M]. 李慧中，译 . 北京：中信出版社，2010.
[42] 苏珊·平克 . 村落效应：为什么在线时代，我们必须面对面重新连接？ [M]. 青涂，译 . 浙江：浙江人民出版社，2017.
[43] 肯·罗宾逊，卢·阿罗尼卡 . 发现你的天赋：天分与热情成就幸福人生 [M]. 李慧中，译 . 浙江：浙江人民出版社，2015.
[44] 埃德加·莫兰 . 复杂性理论与教育问题 [M]. 陈一壮，译 . 北京：北京大学出版社，2004.
[45] 方帆 . 给学生无限可能：细说美国教育 [M]. 北京：中国人民大学出版社，2016.
[46] 德里克·博克 . 大学的未来：美国高等教育启示录 [M]. 曲强，

译 . 北京：中国人民大学出版社，2017.
[47] 杨澜 . 人工智能真的来了 [M]. 江苏：江苏凤凰文艺出版社，2017.
[48] 汉娜·格林伯格，敏丝·萨朵夫斯基，丹尼尔·格林伯格 . 瑟谷学校传奇 1：童年的王国 [M]. 章双，贾思婷，译 . 上海：华东师范大学出版社，2017.
[49] 丹尼尔·格林伯格，敏丝·萨朵夫斯基，杰森·兰帕卡 . 瑟谷学校传奇 2：瑟谷学校毕业生 [M]. 鲍同梅，陈家刚，译 . 上海：华东师范大学出版社，2017.
[50] 玛丽亚·哈迪曼 . 脑科学与课堂：以脑为导向的教学模式 [M]. 杨志，译 . 上海：华东师范大学出版社，2018.
[51] 吴康宁 . 重新发现大学 [M]. 南京：南京师范大学出版社，2017.
[52] 吴康宁 . 重新发现教师 [M]. 南京：南京师范大学出版社，2017.
[53] 刘铁芳 . 追寻生命的整全：个体成人的教育哲学阐释 [M]. 北京：高等教育出版社，2017.
[54] 米切尔·雷斯尼克 . 终身幼儿园 [M]. 赵煜鲲，王婉，译 . 浙江：浙江教育出版社，2018.
[55] 朱永新 . 新教育实验：为中国教育探路 [M]. 北京：中国人民大学出版社，2017.

文章部分

[1] 杨斌 . 网络“原住民”创造未来教育 [N]. 光明日报，2016–12–16.

[2] 赵婀娜 . 互联网 + 教育≠将教育简单搬到网上 [N]. 人民日报，2017–09–14.

[3] 顾远 . 教育创新：未来就业谁还需要那一纸文凭？ [N]. 21 世纪经济报道，2016–01–29.

[4] 腾讯研究院 . 经济新常态下互联网内容产业新生（内部报告）[N].2017–06.

[5] 杨念鲁等 . 遇见未来学校——供给侧改革背景下的办学探索 [N]. 光明日报，2016–08–02.

[6] 余宏亮 . 数字时代的知识变革与课程创新 [J]. 课程教材教法，2017(3).

[7] 黄蔚，徐禾 . 游戏化学习：以生为本的“催化剂”[N]. 中国教育报，2017–02–18.

[8] 陈智勇 . 网上学校和课程重塑美国教育 [N]. 中国教育报，2014–05–28.

[9] 褚国飞 . 新技术：美国高教变革的“启动键”[N]. 中国社会科学报，2015–03–26.

[10] 西班牙《阿贝赛报》. 创新性“21 世纪学校”悄然出现 [N]. 参考消息，2017–03–04.

[11] 方海光 . 未来学习会是什么样子？ [N]. 中国教育报，2017–04–19.

[12] 李赠华 . 未来学校的那些事——遇见未来教育 [J]. 未来教育家，

2017(12).
[13] 叶忠 . 开展大数据应用 [N]. 中国教育报，2017-09-20.
[14] 袁振国 . 未来对教育内容的挑战 [N]. 中国教育报，2017-08-02.
[15] 袁振国 . 未来对教育手段的挑战 [N]. 中国教育报，2017-08-09.
[16] 袁振国 . 未来教育对教师的挑战 [N]. 中国教育报，2017-08-16.
[17] 袁振国 . 为什么把目光投向 2030[N]. 中国教育报，2017-07-05.
[18] 袁振国 . 未来教育对学习者的挑战 [N]. 中国教育报，2017-08-30.
[19] 袁振国 . 教育正在和将要发生的变化 [N]. 中国教育报，2017-07-19.
[20] 袁振国 . 未来对教育管理的挑战 [N]. 中国教育报，2017-09-06.
[21] 袁振国 . 未来已来，将至已至——走向 2030 年的教育 [N]. 中国教育报，2017-12-27.
[22] 陶西平 . 在交流与借鉴中创新 [N]. 人民政协报，2016-08-03.
[23] 郭帅 . "互联网 +" 教育走向谈 [N]. 人民政协报，2017-11-22.
[24] 黄家骅 . 人工智能重构未来学校 [N]. 中国教育报，2017-09-21.
[25] 吴砥，余丽芹 . 大数据推进教育深度变革 [N]. 中国教育报，2017-09-21.
[26] 倪浩 . 湖畔大学，不是来教你挣钱的 [N]. 环球时报，2017-06-24.
[27] 刘三女牙 . 大数据开启个性化教育新时代 [N]. 中国教育报，2017-03-05.
[28] 田爱丽 . 慕课平台促进区域教育公平 [N]. 中国教育报，2016-12-23.
[29] 杨东平 . 探底台湾创新教育 [N]. 南方周末，2018-02-01.
[30] 王馥芳 . 共享教育学——教育科学发展新趋势 [N]. 中国教育报，2017-09-07.

[31] 唐科莉 . 世界教育发展的进步与挑战 [N]. 中国教育报，2016-09-23.
[32] 侯蕾，罗悦轩 .2017 风云人物：机器人每天都更聪明 [N]. 亚洲周刊，2017-12-24.
[33] 今日教育编辑部 . 教育迎接人工智能时代 [J]. 今日教育，2017(9).
[34] 温淑萍 . 被机器人替换？外科医生们的焦虑 [N]. 经济观察报，2017-06-07.
[35] 刘周岩 . 未来学校：如何让孩子成为“未来之人”[J]. 三联生活周刊，2018(50).
[36] 胡卫平，首新，陈勇刚 . 中小学 STEAM 教育体系的建构与实践 [J]. 华东师范大学学报（教育科学版），2017(4).
[37] 魏晓东，于冰，于海波 . 美国 STEAM 教育的框架、特点及启示 [J]. 华东师范大学学报（教育科学版），2017(4).
[38] 黄瑞 .STEM 教育：着眼未来的人才培养 [J]. 今日教育，2017(10).
[39] 刘玲，戴金芮 .STEM 教育落地中国：问题与对策 [J]. 今日教育，2017(10).
[40] 余胜泉，胡翔 .STEM 课程的跨学科整合莫善于基本取向 [J]. 今日教育，2017(10).
[41] 周红霞 . 新时代的教育应当发挥新作用 [N]. 中国教育报，2016-07-22.
[42] 关松林 . 发达国家中小学科学教育的经验与启示 [J]. 教育研究，2016(12).
[43] 杨志成 . 素质教育进入未来课程时代 [N]. 中国教育报，2018-09-12.
[44] 许琦敏 . 人脑比人工智能聪明 1 亿倍 [N]. 文汇报，2017-08-30.

[45] 倪秀 . 技术加教育如何 1+1>2[N]. 中国教育报，2017–04–19.
[46] 张茂聪 . 开放学习资源“与社会打成一片”[N]. 中国教育报，2015–05–14.
[47] 丁雅诵 . 中国慕课，与世界一流比肩 [N]. 人民日报，2018–01–16.
[48] 丁雅诵 . 在线教育，打开你的知识空间 [N]. 人民日报，2018–01–23.
[49] 徐默凡 . 人工智能评判学生作文，靠谱吗？[N]. 文汇报，2017–12–08.
[50] 李政涛 . 人工智能时代：教育的“变与不变”[N]. 人民政协报，2017–11–01.
[51] 第四届中国教育创新年会文集 . 未来：重构学校 [J]. 新校长，2018(1).
[52] 吴军 . 人工智能无法取代创造性工作 [J]. 中国改革，2017(5).
[53] 任鹏等 . 人工智能时代，教育的变与不变 [N]. 光明日报，2017–07–22.
[54] 潘苇航，潘新和 . 明日教育如何面对人工智能的挑战 [N]. 中国教育报，2017–09–28.
[55] 黄文 . 未来迎面而至，我们做好准备了吗？[N]. 中国教育报，2017–11–09.
[56] 王凯 . 人工智能应成为促进教育进化的良药 [N]. 中国教育报，2017–12–19.
[57] 夏天 . 人工智能翻译来了，我们还要学外语吗？[N]. 文汇报，2017–09–03.
[58] 丁钢 . 面向现实和未来，教育需要向共享教育的理念转化 [N]. 光明日报，2017–08–08.

[59] 张惠娟 . 游戏！游戏？——一场电子游戏和成长的“战争”[N]. 人民政协报，2017-07-26.
[60] 周飞 . 人工智能来了，教育该怎么办 [N]. 文汇报，2017-11-24.
[61] 赵婀娜 . 上课，让在线好比见面 [N]. 人民日报，2017-09-21.
[62] 赵婀娜 . 比技术更重要的，是教育理念 [N]. 人民日报，2017-10-26.
[63] 谢鹏 . 互联网会横扫一切行业吗？ [N]. 南方周末，2016-12-29.
[64] 任友群 . 教育信息化进入创新发展新时代 [N]. 中国教育报，2018-01-13.
[65] 黄荣怀 . 人工智能在教育有多少潜力可挖 [N]. 中国教育报，2018-01-13.
[66] 鲁白 . 人工智能时代教育如何定位？ [N]. 人民政协报，2017-07-26.
[67] 谢文怡 . 中国在线教育：格局与发展 [J]. 中国教育财政，2015(8-11).
[68] 郭文革 . 大型私人在线课程（MPOC）：北京大学在线教师培训项目的设计与实践 [J]. 中国教育财政，2015(8-11).
[69] 王竹立 . 网络教育：困局与出路 [N]. 中国教育报，2017-11-18.
[70] 北京开放大学地平线报告 K12 项目组 . 未来五年，学校面临哪些新挑战 [N]. 现代教育报，2017-10-25.
[71] 齐林泉 . 世界管理学大师彼得·圣吉畅谈系统思考与未来教育——教育要为想象不到的未来做准备 [N]. 中国教育报，2017-04-19.
[72] 英国《经济学人》周刊 . 终身学习让人们成技术变革赢家 [N]. 参考消息，2017-01-16.
[73] 张祯希 . 游戏，或将成最有趣教科书 [N]. 文汇报，2017-02-10.

[74] 徐飞 . 数字化时代的大学再造 [N]. 文汇报，2016-06-03.
[75] 胡佳佳，吴海鸥 . 联合国教科文组织发布“教育 2030 行动框架”——描画全球未来教育的模样 [N]. 中国教育报，2015-11-15.
[76] 俞献林 . 大数据是未来教师的加速器 [J]. 教师月刊，2017(5).
[77] 葛冬冬 . 告诉你一个关于大数据与人工智能的真相：数据化对各行业的冲击，比预想的更猛烈 [N]. 文汇报，2017-03-31.
[78] 郑燕林 . 大数据让学生不再成为“隐形人”[N]. 中国教育报，2017-02-27.
[79] 王庆环 . 我们的慕课是否“待字闺中”[N]. 光明日报，2017-03-28.
[80] 张舒 .“自由教师”生存现状 [N]. 作家文摘，2017-10-27.
[81] 孟宪忠 . 我们需要什么样的教育变革？[N]. 文汇报，2017-04-14.
[82] 吕莉 .“微课程”模式的启示 [N]. 中华读书报，2013-06-26.
[83] 解艳华 . 互联网教育下一站？[N]. 人民政协报，2017-04-12.
[84] 张力 . 人工智能与未来职业 [J]. 网络舆情，2017(81).
[85] 殷樱，倪秀 . 在线教师火热，带来了什么？[N]. 中国教育报，2016-09-20.
[86] 阮一峰 . 互联网会让大学消失吗 ?[J]. 财经周刊，2015(9).
[87] 万玮 . 智能化时代，我们需要怎样的教师 [N]. 文汇报，2017-09-18.
[88] 克里斯蒂娜·帕克森 . 融合知识携手社会,“参与式大学”来了！[N]. 文汇报，2017-07-28.